"Les Dramas de TikTok : Ouvrez les Yeux"

Les dessous de TikTok : Dramas, manipulations et faux-semblants

Introduction : Pourquoi ce livre ?

Hey ! Si tu lis ces lignes, c'est que tu es probablement un utilisateur de TikTok, un créateur de contenu, ou simplement curieux de comprendre ce qui se passe vraiment sur cette plateforme ultra-populaire. Tu sais, TikTok, c'est bien plus que des vidéos de danse, des tutos maquillage ou des challenges fun. C'est un endroit où des millions de personnes se retrouvent chaque jour pour rire, apprendre, partager... mais aussi pour se disputer, se manipuler, et parfois même... arnaquer.

Alors pourquoi j'ai décidé d'écrire ce livre ? Parce que derrière le rideau scintillant de TikTok, il y a une réalité moins glorieuse : celle des dramas et des arnaques. Peut-être que tu t'es déjà retrouvé en plein milieu d'un drama sans même savoir comment tu y étais arrivé. Peut-être que tu as déjà été tenté de faire un don à une cause qui te semblait noble, sans te douter que c'était en réalité une arnaque bien ficelée. Et si c'est le cas, tu n'es pas seul.

TikTok : Un Monde de Paillettes... et de Pièges

TikTok, c'est un peu comme un grand spectacle de magie. On est tous attirés par ce qui brille, par ce qui bouge vite, par ce qui nous fait rire ou nous choque. On swipe, on like, on commente. Mais comme dans tout bon tour de magie, il y a ce qui se passe devant nos yeux… et puis il y a tout ce qu'on ne voit pas.

Derrière les vidéos virales et les tendances populaires, il y a des stratégies bien calculées. Certains créateurs, pour attirer plus de vues, d'abonnés ou même de l'argent, n'hésitent pas à créer du conflit, à inventer des drames ou à manipuler les émotions des spectateurs. D'autres vont encore plus loin en montant de toutes pièces des histoires déchirantes pour susciter des dons ou obtenir de l'aide financière. Et malheureusement, il y a toujours des gens pour tomber dans le piège.

Je ne dis pas ça pour te faire peur ou te décourager d'utiliser TikTok. Après tout, moi aussi, j'adore cette appli ! Mais je pense qu'il est temps qu'on ouvre les yeux et qu'on comprenne mieux les mécanismes de ce monde fascinant mais parfois toxique.

Pourquoi Tu Devrais Lire Ce Livre

Alors, à quoi sert ce livre exactement ? Mon but ici, c'est de te donner les clés pour comprendre ce qui se passe réellement sur TikTok, pour que tu puisses naviguer en toute sécurité et éviter de te faire avoir. Dans ces pages, tu découvriras :

Les dessous des dramas : Comment ils commencent, pourquoi ils explosent, et comment certains créateurs les utilisent pour gagner en popularité ou détourner l'attention.

Les différentes arnaques qui circulent sur TikTok : Fausses cagnottes, faux appels à dons, manipulations émotionnelles... Tu apprendras à reconnaître ces pièges et à ne plus te laisser prendre.

Des conseils pratiques pour éviter les embrouilles et profiter de TikTok de manière plus consciente.

Ce livre, c'est un peu comme une boîte à outils pour survivre dans l'univers souvent chaotique de TikTok. Parce que oui, c'est un endroit génial pour s'amuser et se divertir, mais il faut aussi savoir où on met les pieds.

Un Guide pour Ouvrir les Yeux

J'ai moi-même été témoin, et parfois même victime, de certains de ces dramas et arnaques sur TikTok. Et je sais à quel point ça peut être frustrant, voire douloureux. C'est pourquoi je tiens à partager mon expérience et mes découvertes avec toi. Mon histoire est celle de beaucoup d'autres utilisateurs, et c'est aussi celle que je veux te raconter ici.

Ce livre ne se veut pas moralisateur. Je ne suis pas là pour te dire de supprimer TikTok ou d'arrêter d'y passer du temps (crois-moi, je suis aussi accro que toi !). Mais je veux t'aider à y voir plus clair, à être plus conscient des pièges potentiels, et à profiter de la plateforme de manière plus sereine et informée.

Tu verras, je ne vais pas te donner de leçon, mais plutôt te raconter des histoires. Des histoires de gens qui, comme toi, sont tombés dans certains pièges. Des histoires qui te feront réfléchir, peut-être sourire, ou même te reconnaître.

Alors, prêt à plonger avec moi dans ce monde où tout n'est pas toujours ce qu'il paraît ? Prêt à découvrir les vraies coulisses de TikTok ? Accroche-toi, car le voyage commence maintenant. On va décrypter ensemble ce qui se cache derrière les écrans et t'aider à "ouvrir les yeux" sur cette plateforme que tu connais... ou crois connaître.

Chapitre 1 : TikTok : Une Révolution Digitale

Tu te connectes, tu scrolles, tu rigoles, tu danses, et sans t'en rendre compte, tu viens de passer une heure sur TikTok. C'est le pouvoir de cette application qui a chamboulé notre façon de consommer du contenu en ligne. Mais comment est-on arrivé là ? Comment TikTok est-il passé d'une simple appli de lip-sync à l'un des réseaux sociaux les plus influents de la planète ? On va faire un petit retour en arrière pour comprendre tout ça et découvrir pourquoi TikTok est devenu un phénomène mondial... et surtout, pourquoi on est tous devenus accros.

Aux Origines de TikTok : Du Lip-Sync à la Révolution Vidéo

TikTok, c'est un peu le nouveau venu qui a tout changé. Mais pour comprendre son succès, il faut revenir à ses débuts. Tout commence en Chine, en 2016, avec une appli nommée **Douyin**, créée par une entreprise du nom de ByteDance. Douyin était une plateforme pour partager de courtes vidéos avec des effets cools, de la musique, et beaucoup de fun. Elle a cartonné tellement fort en Chine que ByteDance a décidé de l'exporter à l'international sous le nom que l'on connaît aujourd'hui : TikTok.

Mais attends, ce n'est pas tout. En 2018, ByteDance rachète **Musical.ly**, une appli très populaire chez les ados pour faire du lip-sync (mimer des paroles de chansons). En fusionnant TikTok et Musical.ly, ByteDance crée une appli qui combine le meilleur des deux mondes : la créativité de Douyin et la communauté de fans de Musical.ly. Et c'est là que tout explose.

En quelques mois, TikTok devient l'appli la plus téléchargée au monde, dépassant des géants comme Facebook, Instagram et YouTube. Pourquoi ? Parce que TikTok apporte quelque chose de nouveau, d'unique et de complètement addictif.

Pourquoi TikTok Est-il Devenu Si Populaire ?

Il y a plein de raisons pour lesquelles TikTok est devenu un tel phénomène, mais voici les principales :

La Vidéo Courte, le Nouveau Langage Universel : TikTok a compris un truc essentiel : notre attention est de plus en plus réduite. On veut des vidéos courtes, percutantes, qui nous accrochent en quelques secondes. TikTok est parfait pour ça. Une vidéo fait entre 15 secondes et 3 minutes, juste assez pour capter notre attention, nous divertir, et nous donner envie d'en voir une autre... et encore une autre... et encore une autre...

Un Algorithme Qui Te Connaît Mieux Que Toi-Même : L'algorithme de TikTok est un vrai génie. Dès que tu commences à swiper, il apprend ce que tu aimes et ce que tu n'aimes pas. Il analyse tes likes, tes commentaires, combien de temps tu restes sur chaque vidéo, et il ajuste tes "Pour Toi" (FYP) en conséquence. Résultat ? Un flux de contenu personnalisé qui te donne exactement ce que tu veux voir, au moment où tu veux le voir.

La Créativité Sans Limites : TikTok, c'est un terrain de jeu pour les créateurs. Avec ses outils faciles à utiliser (filtres, effets spéciaux, musiques tendance), tout le monde peut devenir créateur. Tu n'as pas besoin de gros budgets ou de matériel pro pour faire une vidéo qui cartonne. Que tu sois dans ta chambre, dans la rue ou en vacances, tu peux créer du contenu n'importe où, n'importe quand.

Les Challenges et les Tendances : TikTok est aussi la terre des défis et des tendances. Des danses virales aux recettes de cuisine bizarres, en passant par les pranks et les life hacks, il y a toujours quelque chose de nouveau à essayer. Ces challenges créent un sentiment de communauté : on participe, on regarde les autres, on se marre ensemble... et on devient vite accro.

Une Communauté Engagée et Hyper Active : Sur TikTok, l'engagement est roi. Les utilisateurs ne sont pas seulement des spectateurs, ils sont aussi des acteurs. Ils commentent, partagent, remixent, créent des duos, participent à des challenges. Chaque interaction est une nouvelle opportunité de créer du contenu et d'agrandir sa communauté.

Les Différentes Catégories de Contenus sur TikTok

TikTok, c'est un peu comme un buffet géant où chacun peut trouver son plat préféré. Que tu sois là pour rire, apprendre, t'inspirer, ou même pleurer, il y a toujours quelque chose pour toi. Voici quelques-unes des catégories de contenu les plus populaires sur la plateforme :

Les Danses Virales : Impossible de parler de TikTok sans mentionner les danses. Elles sont au cœur de la culture TikTok. Des chorégraphies simples aux routines plus complexes, les danses permettent à chacun de s'exprimer, de se défouler et de participer à une tendance mondiale.

Les Pranks et Humour : Les blagues, les pranks, les sketchs, c'est du pur divertissement. Beaucoup de créateurs se spécialisent dans l'humour et utilisent TikTok pour partager des moments drôles, des situations cocasses ou des petites histoires qui font sourire.

Les Life Hacks et Astuces : TikTok est aussi une mine d'or pour apprendre des trucs pratiques. Que ce soit pour cuisiner un repas en 5 minutes, faire un pliage de t-shirt parfait, ou réparer un truc cassé avec trois bouts de ficelle, il y a toujours quelqu'un pour te montrer comment faire.

La Beauté et la Mode : Les tutos maquillage, les conseils mode, les transformations... TikTok est rempli de créateurs qui partagent leurs routines beauté, leurs looks du jour, et leurs astuces pour être toujours au top.

L'Éducation et le Savoir : Oui, on peut aussi apprendre sur TikTok ! Des profs, des scientifiques, des historiens, ou simplement des passionnés partagent des infos fascinantes, des anecdotes, des cours express sur tous les sujets possibles.

Les Histoires Personnelles et Témoignages : Les vidéos confessionnelles ou témoignages personnels sont aussi très populaires. Des créateurs partagent leurs expériences de vie, leurs défis, leurs réussites, ou encore leurs luttes personnelles. Ces contenus créent une connexion émotionnelle forte avec le public.

Les Dramas et Controverses : Bien sûr, il y a aussi le contenu qui attire les regards pour de mauvaises raisons : les dramas. Des créateurs qui s'embrouillent, des controverses qui explosent, des histoires qui enflamment la toile... C'est là que les choses deviennent vraiment intéressantes (ou toxiques, selon le point de vue).

Une Dynamique Unique : Pourquoi TikTok Change Tout

Ce qui rend TikTok vraiment unique, c'est sa dynamique. Contrairement à d'autres plateformes où le contenu est souvent statique ou limité à une bulle sociale, TikTok est une explosion continue de créativité où tout peut arriver. Ton feed (fil d'actualité) n'est jamais le même, tu peux passer d'une danse virale à un tuto de cuisine, à une vidéo éducative, et finir avec un drama. Cette diversité et cette rapidité font que TikTok est bien plus qu'une appli : c'est une nouvelle façon de consommer et de créer du contenu.

En quelques années seulement, TikTok a redéfini ce que signifie être "viral". Elle a montré qu'on n'a pas besoin d'être une célébrité pour toucher des millions de personnes. Sur TikTok, tout le monde a sa chance, et c'est ce qui rend cette plateforme si addictive, si imprévisible... et parfois, si dangereuse.

Prêt à plonger plus loin dans les dessous de TikTok ? Accroche-toi, car on n'a pas fini de découvrir ce qui se cache derrière cet écran que tu regardes tous les jours.

Chapitre 2 : Les Dramas sur TikTok : Qu'est-ce Que C'est ?

Bienvenue dans la jungle de TikTok, où les danses virales côtoient les débats passionnés, et où une vidéo peut déclencher une tempête de commentaires en moins de temps qu'il n'en faut pour dire "For You Page". Si tu es un vrai TikTokeur, tu sais de quoi je parle : les **dramas**. Ces petites explosions de conflits et de controverses qui secouent régulièrement la plateforme et qui font qu'on reste scotché à son écran comme devant le dernier épisode d'une série à suspense. Mais au fait, c'est quoi exactement un drama sur TikTok, et pourquoi on ne peut pas s'empêcher de les suivre ?

Les Dramas sur TikTok : Le Buzz en Mode Chaud

Commençons par le commencement : **qu'est-ce qu'un "drama" sur TikTok ?** En gros, c'est quand un ou plusieurs créateurs se retrouvent au cœur d'une controverse ou d'un conflit qui prend rapidement de l'ampleur. Imagine une dispute entre potes, sauf que là, ça se passe devant des millions de spectateurs, et que tout le monde a un avis bien tranché. Ça peut être n'importe quoi : un clash entre deux créateurs, une révélation choquante, une vidéo mal interprétée, un commentaire déplacé... bref, tout ce qui peut créer des vagues et des discussions animées.

Les dramas, c'est comme des feux de camp virtuels : ça commence petit, mais si tu souffles dessus, ça devient un énorme incendie qui s'étend sur toute la plateforme. Et parfois, il ne faut pas grand-chose pour allumer l'étincelle. Une simple vidéo peut déclencher une avalanche de réactions, de duos, de commentaires, et avant même que tu t'en rendes compte, tout le monde en parle.

Les Types de Dramas : Des Conflits Pour Tous les Goûts

Il y a plusieurs types de dramas sur TikTok, chacun avec ses propres caractéristiques et son propre public. Voici les plus courants :

Les Conflits Entre Créateurs : La Bataille des Égos Ah, les conflits entre créateurs ! C'est un grand classique sur TikTok. Parfois, il suffit d'un désaccord sur une tendance, d'une critique mal placée ou d'un commentaire piquant pour que deux créateurs se retrouvent à s'envoyer des piques à coups de vidéos. C'est un peu comme un combat de rap, sauf qu'au lieu de rimes, on a des duos, des stitches et des vidéos réponses. Et bien sûr, chaque camp a ses supporters, prêts à défendre leur créateur préféré jusqu'au bout.

Ces conflits peuvent partir de tout et de rien. Une petite blague qui passe mal, un créateur qui s'approprie une tendance sans créditer l'original, ou même des accusations plus sérieuses, comme le vol de contenu ou le manque de respect. Ce qui est sûr, c'est que quand deux créateurs se clashent, TikTok devient une véritable arène de gladiateurs virtuels, et tout le monde veut en être.

Les Controverses Publiques : Quand Tout le Monde Donne Son Avis. Ensuite, il y a les controverses publiques, ces dramas où tout TikTok semble avoir une opinion à exprimer. Ça peut être une déclaration controversée, une prise de position sur un sujet sensible, ou même une vidéo jugée offensante par certains. Les controverses publiques, c'est un peu comme les débats télévisés : tout le monde est là pour donner son avis, souvent sans filtre, et ça peut rapidement dégénérer en guerre de commentaires.

Ce genre de drama attire beaucoup d'attention parce qu'il touche des sujets qui nous concernent tous, comme la politique, la justice sociale, ou encore l'éthique. On se retrouve à scroller pendant des heures pour lire les réponses, regarder les vidéos de soutien ou de critique, et suivre l'évolution de l'affaire en temps réel. C'est passionnant, c'est intense, et surtout, ça fait monter les vues en flèche.

Les Trolls et les Provocateurs : Les Rois du Chaos
On ne peut pas parler de dramas sur TikTok sans mentionner les trolls. Eux, ce sont ceux qui viennent juste pour semer le chaos et voir le monde brûler. Ils créent des dramas juste pour le plaisir de créer des dramas. Un commentaire bien piquant sous une vidéo populaire, une vidéo qui déforme les propos de quelqu'un d'autre, ou même des accusations gratuites pour attirer l'attention. Leur but ? Gagner des vues, des likes, et surtout, faire parler d'eux.

Les trolls savent exactement quels boutons appuyer pour déclencher des réactions fortes. Ils jouent avec les émotions des gens, alimentent les débats houleux et profitent du buzz pour gagner en visibilité. Ils sont les maîtres de la controverse, et même si beaucoup les détestent, ils savent parfaitement comment capter l'attention.

Les Révélations Choc : Le Buzz en Mode Hollywood Enfin, il y a les révélations choc, ces dramas où des secrets bien gardés sont soudainement exposés au grand jour. Un créateur dévoile une trahison, une affaire de cœur devient publique, ou encore des screenshots de messages privés sont publiés pour prouver une faute ou un mensonge. C'est un peu comme un feuilleton télévisé, sauf que ça se passe en direct sur ton FYP.

Ces dramas captivent parce qu'ils jouent sur la curiosité naturelle des gens. On veut savoir la suite, découvrir qui est coupable, qui a menti, qui est la victime. Et souvent, ça ne s'arrête pas à une seule vidéo : il y a des réponses, des contre-réponses, des vidéos de soutien, et ça devient un vrai feuilleton avec des épisodes multiples.

Pourquoi Les Dramas Attirent Tant d'Attention ?

Maintenant, tu te demandes peut-être : **mais pourquoi on est tous tellement attirés par les dramas ?** Pourquoi est-ce qu'on n'arrive pas à détourner les yeux, même quand on sait que ça peut être toxique ou négatif ?

Le Facteur Divertissement : On Adore les Histoires D'abord, il faut se l'avouer, les dramas sont divertissants. C'est comme regarder une série Netflix, mais en version réelle, avec des gens qu'on suit déjà sur TikTok. Il y a de l'intrigue, des rebondissements, des personnages qu'on aime et d'autres qu'on déteste. On veut savoir ce qui va se passer ensuite, qui va dire quoi, qui va se ranger de quel côté... bref, c'est captivant.

L'Emotionnel en Mode Turbo : On Veut Ressentir des Choses Les dramas jouent aussi sur nos émotions. Ils nous font ressentir de la colère, de l'indignation, de la tristesse, ou même de la joie quand "notre" créateur préféré gagne la bataille. Ils nous font vibrer, réagir, commenter, et c'est précisément ce que cherche l'algorithme de TikTok : de l'engagement. Plus on commente, plus on like, plus on partage, plus la plateforme nous en montre. Et on replonge à chaque fois.

Le Sentiment d'Appartenance : On Aime Prendre Position Les dramas créent des camps, des équipes, des clans. Et en tant qu'êtres humains, on aime faire partie d'un groupe. Prendre position dans un drama, c'est comme se ranger derrière un drapeau et dire : "moi, je suis avec lui" ou "je suis contre elle". Ça renforce notre sentiment d'appartenance, et ça donne l'impression de participer à quelque chose de plus grand que nous.

Le FOMO (Fear of Missing Out) : On Ne Veut Rien Rater Enfin, il y a le fameux FOMO, cette peur de rater quelque chose d'important. Les dramas évoluent vite, et on ne veut pas être celui ou celle qui arrive après la bataille, qui ne comprend pas les blagues ou les références. On veut être à jour, connaître les dernières infos, savoir qui a dit quoi. Alors, on continue de scroller, de swiper, de regarder... parce qu'on craint de manquer l'info du siècle.

Et Maintenant ?

Voilà, tu connais maintenant tous les secrets des dramas sur TikTok. Ce ne sont pas juste des petites disputes entre créateurs ou des histoires sans intérêt. C'est un véritable phénomène qui capte notre attention, stimule nos émotions et nous garde accrochés à nos écrans. Et même si on sait que ce n'est pas toujours sain, on ne peut pas s'empêcher de regarder... parce qu'au fond, on adore ça.

Mais rappelle-toi : derrière chaque drama, il y a des vraies personnes, avec des vraies émotions. Alors, la prochaine fois que tu te retrouves au cœur d'un drama TikTok, prends un peu de recul, respire, et demande-toi : est-ce que ça vaut vraiment la peine de s'énerver ? Ou est-ce que je vais juste profiter du show avec un peu de popcorn virtuel ?

TikTok, c'est un peu la cour de récré de l'internet. Et comme dans toutes les cours de récré, il y a des disputes, des rumeurs, des bagarres... mais aussi beaucoup de fun. Alors, amuse-toi, reste curieux, mais garde toujours un œil critique sur ce qui se passe autour de toi.

Chapitre 3 : L'Algorithme de TikTok : Amplificateur de Dramas

Alors, t'es confortablement installé dans ton lit ou affalé sur ton canapé, prêt à te plonger dans une nouvelle session de TikTok. Tu ouvres l'appli et là, boum, direct sur ta "For You Page" (FYP), tu vois une vidéo qui t'attrape par le col et te hurle : "Regarde-moi !". C'est peut-être une danse qui déchire, une recette improbable de croissants au Nutella et bacon, ou... un bon vieux **drama** bien juteux. Tu ne peux pas t'empêcher de regarder, puis de swiper pour en voir plus. Avant de t'en rendre compte, tu as déjà passé une heure à explorer une saga de dramas sur TikTok. Mais comment ces vidéos arrivent-elles à capturer ton attention aussi facilement ? La réponse tient en un mot : **l'algorithme**.

L'Algorithme de TikTok : Petit Génie ou Grand Manipulateur ?

Mais alors, qu'est-ce que c'est, cet **algorithme** dont tout le monde parle ? En gros, c'est un ensemble de règles et de calculs qui décident quelles vidéos apparaissent sur ta FYP. C'est lui qui choisit, parmi les millions de vidéos postées chaque jour, celles qui vont te captiver et te faire rester sur l'appli encore un peu plus longtemps (et on sait tous que "un peu plus longtemps" peut se transformer en "2 heures de plus").

L'algorithme de TikTok, c'est un peu comme le DJ d'une soirée : il sait exactement quelles chansons (ou vidéos) mettre pour que la piste de danse (ou ton écran) reste toujours remplie. Il analyse tout ce que tu fais sur la plateforme : les vidéos que tu regardes jusqu'au bout, celles sur lesquelles tu laisses un like ou un commentaire, celles que tu passes rapidement... Bref, il te connaît mieux que ton meilleur pote. Et il utilise tout ça pour te servir un mix parfait de contenu qui te fera rester connecté.

Mais ce n'est pas tout. Ce petit génie est aussi très doué pour identifier ce qui crée de l'engagement : les vidéos qui font réagir les gens, celles qui les font commenter, liker, partager... et surtout celles qui font exploser les débats. Devine quoi ? Les dramas sont parfaits pour ça.

Comment l'Algorithme de TikTok Amplifie les Dramas

Tu l'as compris, l'algorithme adore quand ça bouge, quand ça réagit, quand ça commente. Et rien ne fait mieux réagir que... le drama. Pourquoi ? Parce que le drama, c'est tout ce que l'algorithme adore : ça génère des tonnes de commentaires, ça fait du buzz, ça suscite de l'émotion (et l'émotion, c'est de l'or pour l'algorithme). Alors, comment il s'y prend pour amplifier tout ça ?

Il Prend les Vidéos Qui Suscitent des Réactions et les Pousse sur Ta FYP Dès qu'une vidéo commence à générer de l'engagement (beaucoup de commentaires, de likes, de partages), l'algorithme se dit : "Tiens, il se passe quelque chose ici". Il prend cette vidéo et la pousse encore plus loin, sur encore plus de FYP. Résultat : une petite vidéo qui aurait pu passer inaperçue devient tout à coup virale, juste parce qu'elle a réussi à créer du débat ou de la controverse.

Il Favorise les Vidéos avec des Interactions Rapides Les dramas ont une particularité : ils suscitent des réactions rapides. Dès qu'il y a un clash, une révélation, un commentaire piquant, les gens se précipitent pour liker, commenter, voire créer leur propre vidéo en réponse. Et l'algorithme adore ça. Plus les interactions arrivent vite, plus il va pousser la vidéo. Et plus il la pousse, plus elle devient virale.

Il Pousse les Vidéos qui Gardent les Utilisateurs sur la Plateforme TikTok veut que tu restes le plus longtemps possible sur son appli. Quand un drama éclate, tu veux tout savoir : qui a commencé, pourquoi, qui a dit quoi, qui a raison, qui a tort. Tu passes d'une vidéo à l'autre, tu lis les commentaires, tu cherches des vidéos de réponse... Bref, tu es scotché à ton écran.

L'algorithme, lui, se frotte les mains : il voit que tu restes, et il te donne encore plus de ce contenu qui te retient.

Il Identifie les Patterns d'Engagement Élevé et Adapte Ton Feed Plus tu engages avec des contenus dramatiques, plus l'algorithme va te proposer de vidéos de ce type. Il a compris que tu es du genre à aimer voir des gens se disputer ou à suivre des controverses, alors il ajuste ton FYP en conséquence. En gros, il te sert exactement ce que tu sembles aimer... même si ça signifie te balancer des dramas en continu.

Des Exemples Concrets de Dramas Amplifiés par l'Algorithme

Voyons maintenant comment tout ça se traduit dans la vraie vie de TikTok. Prenons quelques exemples de dramas qui ont pris des proportions énormes, grâce à l'algorithme.

Le Clash des Créateurs Souviens-toi de ce moment où deux créateurs hyper populaires se sont embrouillés à propos d'une tendance de danse. Au début, c'était juste une petite dispute, un créateur accusant l'autre de copier ses mouvements sans le créditer. Mais rapidement, les commentaires ont explosé, les deux créateurs ont commencé à se répondre en vidéo, et toute la communauté s'est divisée en deux camps. Résultat ? Des milliers de vidéos de soutien ou de critiques, des réactions en chaîne... et l'algorithme qui fait grimper la sauce en poussant toutes ces vidéos en haut des FYP. Tout le monde était accroché à son écran, et TikTok n'a jamais été aussi animé.

Le Challenge Dangereux qui Dégénère Rappelle-toi de ce fameux challenge qui est devenu viral en un rien de temps, même si tout le monde disait qu'il était super dangereux. Comment est-ce possible ? Parce que dès que des vidéos ont commencé à montrer des gens se blessant ou en train de faire ce challenge à la limite du possible, les commentaires ont fusé : certains criaient au scandale, d'autres trouvaient ça hilarant. L'algorithme a vu cet engagement explosif et a continué à pousser ces vidéos, attirant encore plus de monde et créant encore plus de buzz.

Les Révélations Choc en Mode Séries Netflix Et puis, il y a les histoires où quelqu'un dévoile des secrets, souvent avec des preuves comme des screenshots ou des enregistrements audio. Ça commence avec une première vidéo où une bombe est lâchée. Tout le monde commence à commenter, à spéculer, à vouloir plus de détails. Plus la personne poste de vidéos, plus ça fait de vues, plus l'algorithme amplifie. Avant que tu ne t'en rendes compte, tout le monde sur TikTok est en train de suivre cette histoire comme une série Netflix en plusieurs épisodes.

Pourquoi C'est Si Difficile de Résister ?

Si l'algorithme aime tant les dramas, c'est parce qu'il sait que nous, les humains, nous sommes attirés par tout ce qui est intense, choquant, ou controversé. C'est un peu comme un aimant. On est programmés pour réagir à ce genre de contenu, et l'algorithme le sait.

Alors, pourquoi est-ce si dur de résister ? Parce que les dramas font appel à nos émotions les plus fortes : la curiosité, l'indignation, la colère, la compassion. On veut savoir la suite, on veut comprendre qui a tort, qui a raison. Et comme l'algorithme est conçu pour maximiser notre temps passé sur l'appli, il nous sert exactement ce qui est le plus susceptible de capter notre attention.

L'Algorithme : Ami ou Ennemi ?

Tu te demandes peut-être : mais alors, l'algorithme de TikTok est-il notre ami ou notre ennemi ? Eh bien, c'est un peu des deux. D'un côté, il nous aide à découvrir du contenu qui nous plaît et à rester divertis. Mais de l'autre, il nous piège aussi dans une boucle d'engagement sans fin, où le drama est roi et où il est difficile de prendre du recul.

La prochaine fois que tu te retrouves plongé dans un drama TikTok, rappelle-toi que l'algorithme est là pour maximiser ton engagement, pas nécessairement pour te montrer ce qui est bon pour toi. Alors, profite du spectacle, mais reste conscient de ce qui se passe en arrière-plan. Parce que derrière chaque drama, il y a un algorithme qui bosse dur pour que tu ne puisses pas lâcher ton téléphone.

Allez, continue de swiper... mais maintenant, tu sais comment l'algorithme joue avec tes émotions pour te garder connecté. À toi de décider si tu veux jouer le jeu ou prendre un peu de distance. 😊

Chapitre 4 : La Psychologie des Dramas : Pourquoi On Adore les Conflits en Ligne

Tu connais cette sensation quand tu es sur TikTok et que tu tombes sur une vidéo de drama bien juteuse ? Tu te dis : "Bon, juste une dernière vidéo, puis j'arrête." Mais cinq minutes plus tard, tu te retrouves toujours là, en train de swiper frénétiquement, à suivre chaque rebondissement comme si tu regardais la finale de ton émission préférée. Pas de panique, tu n'es pas seul ! Si on est tous attirés par les dramas, c'est parce qu'il y a une raison bien plus profonde derrière. Et cette raison, c'est tout simplement... notre cerveau.

Pourquoi les Dramas Nous Attirent Tant : Un Petit Tour Dans Notre Tête

Alors, pourquoi sommes-nous tous un peu accros aux dramas ? Eh bien, ça commence par une petite promenade dans notre cerveau. Il faut savoir que notre cerveau adore les histoires. C'est comme ça qu'il fonctionne. Depuis la nuit des temps, on raconte des histoires autour d'un feu de camp (ou aujourd'hui, sur un écran), parce que c'est notre façon de donner du sens au monde qui nous entoure.

Quand tu regardes un drama sur TikTok, ton cerveau capte immédiatement les éléments d'une bonne histoire : des personnages (les créateurs en conflit), un problème (le désaccord ou la controverse), des émotions fortes (colère, indignation, rire...), et surtout, du suspense (mais qui a raison ? Qui ment ?). C'est comme si tu regardais une série, mais en version réelle, et ton cerveau adore ça.

En fait, les histoires de conflits et de drames stimulent notre cerveau de manière très particulière. Elles activent le **système de récompense** dans notre cerveau, libérant de la dopamine – la fameuse hormone du plaisir. Résultat : on se sent excité, captivé, et... on en redemande. C'est un peu comme manger du chocolat ou gagner à un jeu : c'est tellement bon qu'on a envie d'y retourner encore et encore.

Les Émotions Fortes : Le Carburant des Dramas

Alors, pourquoi est-ce que certains dramas attirent encore plus que d'autres ? Parce qu'ils jouent sur nos émotions. Les émotions fortes, c'est le carburant qui fait tourner le moteur de l'attention sur les réseaux sociaux. Colère, joie, tristesse, indignation, rire... tout ça, ce sont des déclencheurs d'engagement. Plus une vidéo suscite des émotions fortes, plus elle a de chances de devenir virale.

La Colère et l'Indignation : Le Duo de Choc Tu as déjà remarqué à quel point les vidéos qui nous mettent en colère ou nous indignent attirent beaucoup de vues et de commentaires ? C'est parce que la colère est une émotion très puissante. Elle nous pousse à réagir, à commenter, à partager pour dire "Non, mais tu as vu ça ?!". Sur TikTok, quand une vidéo déclenche une vague de colère ou d'indignation, elle génère automatiquement plus d'engagement. Et plus il y a d'engagement, plus l'algorithme la pousse sur les FYP.

La Joie et le Rire : Les Aimants à Likes Tout n'est pas que négatif dans les dramas ! Les émotions positives, comme la joie et le rire, sont aussi des aimants à engagement. Quand une vidéo nous fait rire, on a envie de la partager avec nos amis pour qu'ils rient aussi. On like, on commente des emojis morts de rire, on fait des duos pour ajouter notre touche personnelle. Les créateurs qui savent jouer avec l'humour, même au milieu d'un drama, arrivent souvent à transformer un conflit en une véritable machine à vues.

La Tristesse et la Compassion : Les Aimants à Partage Les vidéos qui nous touchent, qui nous émeuvent, suscitent aussi beaucoup d'engagement. Quand on voit quelqu'un en détresse, ou une histoire triste, on est souvent poussé à réagir, à montrer notre soutien, à partager pour sensibiliser les autres. Les créateurs qui savent comment raconter une histoire touchante captent souvent l'attention de manière très forte, et leur vidéo peut devenir virale parce qu'elle joue sur la corde sensible de notre cœur.

Pourquoi On Adore Voir les Gens se Disputer en Ligne

Ok, donc on sait que les émotions fortes, c'est ce qui attire notre attention. Mais pourquoi aime-t-on tant voir les gens se disputer en ligne ? Eh bien, il y a plusieurs raisons psychologiques derrière ça :

Le Plaisir Coupable de Voir un Drame se Dérouler
Avouons-le, il y a un petit côté "plaisir coupable" à regarder les dramas. C'est un peu comme regarder un accident au ralenti ou une émission de télé-réalité pleine de disputes. On sait que ce n'est pas forcément sain, mais on ne peut pas s'empêcher de regarder. Pourquoi ? Parce que ça nous fait ressentir des émotions fortes sans que ça nous affecte directement. On est spectateurs d'une histoire qui ne nous concerne pas, mais qui nous divertit.

Le Besoin de Comparaison Sociale Regarder des dramas, c'est aussi une façon de se comparer aux autres. Quand on voit des créateurs s'embrouiller, on peut se dire : "Au moins, ma vie est moins compliquée que la leur" ou "Je ne ferais jamais ça, moi !". C'est une manière de se sentir mieux dans sa propre peau, de se rassurer sur nos propres choix.

La Soif de Vérité et de Justice Beaucoup de gens adorent suivre les dramas parce qu'ils ont ce besoin de savoir qui a raison et qui a tort. C'est un peu comme jouer au détective : on analyse chaque détail, on lit entre les lignes, on cherche la vérité. Et quand une vidéo vient apporter un nouvel élément, on est tout excité à l'idée de démêler le vrai du faux.

Le Sentiment d'Appartenance à une Communauté Suivre un drama, c'est aussi rejoindre une sorte de "club". On prend parti, on se positionne, on commente avec les autres, et on se sent appartenir à un groupe. Que ce soit pour soutenir un créateur ou pour dénoncer un comportement, on se sent connecté à une communauté qui partage nos valeurs ou nos opinions.

Comment les Créateurs Utilisent Ces Connaissances Pour Gagner des Vues et des Followers

Maintenant, venons-en à la partie la plus intéressante : comment certains créateurs utilisent toute cette psychologie pour booster leurs vues et leurs followers. Tu te demandes comment ils font ? Voici quelques techniques de pros :

Créer de la Controverse pour Attirer l'Attention Certains créateurs savent très bien que les controverses font du bruit. Ils vont donc volontairement lancer des sujets polémiques ou des opinions tranchées pour susciter des réactions. Ils savent qu'en faisant ça, ils vont attirer l'attention, même si c'est négatif. "Qu'on parle de moi en bien ou en mal, l'important, c'est qu'on parle de moi" – c'est un peu leur devise.

Jouer sur les Émotions pour Créer de l'Engagement Ces créateurs savent aussi comment jouer avec les émotions de leur public. Ils vont raconter des histoires touchantes, choquantes, ou émouvantes pour capter notre attention et nous pousser à réagir. Ils utilisent des musiques dramatiques, des effets de montage, des textes percutants... tout pour faire vibrer la corde sensible de notre cœur.

Utiliser le Suspense pour Garder l'Audience Accrochée "Restez jusqu'à la fin", "À suivre dans la prochaine vidéo" – tu as sûrement déjà vu ce genre de phrases dans des vidéos TikTok. C'est du suspense, tout simplement. Les créateurs savent que pour garder leur audience engagée, il faut donner juste assez d'info pour captiver, mais pas tout révéler tout de suite. Comme ça, on est obligé de revenir pour voir la suite !

Créer des Alliances et des Rivalités pour Attirer les Followers Certains créateurs s'allient ou se clashent avec d'autres pour créer des dynamiques intéressantes. Ils savent que les dramas entre créateurs attirent beaucoup de vues. En se créant des "alliés" ou des "ennemis" publics, ils jouent sur la dynamique du conflit pour attirer l'attention et élargir leur base de followers.

En Résumé : Dramas et Psychologie, Une Recette Gagnante

Les dramas sur TikTok, ce n'est pas juste du hasard. C'est un cocktail savamment dosé d'émotions fortes, de suspense, et de stratégies bien pensées. Que tu sois là pour le spectacle ou que tu cherches à comprendre comment tout ça fonctionne, tu viens de faire un petit plongeon dans l'océan des motivations humaines.

Alors, la prochaine fois que tu te retrouves pris dans un drama TikTok, rappelle-toi que tout est conçu pour te captiver. Regarde, profite, mais surtout, n'oublie jamais que derrière chaque vidéo, il y a quelqu'un qui sait exactement comment jouer avec tes émotions... et avec l'algorithme.

Prêt à continuer l'aventure ? Parce que le prochain chapitre promet encore plus de révélations sur comment naviguer dans ce monde fascinant... et parfois un peu fou ! 🎭

Chapitre 5 : Mon Histoire sur TikTok

Alors, imagine un peu : tu entends parler de TikTok partout. Tes amis, tes collègues, même ta grand-mère te demandent si tu as vu "ce truc de danse". Un jour, un peu par hasard, tu te dis : "Pourquoi pas ?" Et te voilà sur TikTok, plongeant dans cet océan de vidéos drôles, mignonnes, et fascinantes. Au début, tout est léger. Je me crée un compte, et je découvre un monde plein de danses, de bébés qui rient aux éclats, et d'animaux trop mignons. Chaque vidéo est plus adorable que la précédente. Franchement, j'adore, et je commence à y passer de plus en plus de temps.

Mais, comme beaucoup de belles histoires, celle-ci a pris un tournant inattendu.

Le Jour Où Tout a Basculé : La Rencontre avec Julia

Un jour, alors que je me baladais sur l'appli, je tombe sur quelque chose de nouveau : un **live**. Curieuse, je m'arrête. C'est là que je la vois pour la première fois. **Julia.** Douce, gentille en apparence, avec une histoire qui te prend aux tripes. Julia raconte sa vie difficile, ses parents âgés et malades qu'elle a pris chez elle pour éviter la maison de retraite. Elle leur donne à manger en direct, et tu vois dans ses gestes une tendresse qui te touche en plein cœur. Comment ne pas être ému ? Comment ne pas penser que cette femme est une sainte, un modèle de dévotion ?

Je me laisse prendre au jeu. Je commence par écrire un petit "Bonjour" dans le chat, puis je laisse des messages d'encouragement, des félicitations. Julia me remarque. Nous commençons à échanger, d'abord sur le live, puis en privé. Très vite, Julia est partout : elle me suit sur Instagram, on discute sur Snapchat, puis sur Facebook. J'avais l'impression d'avoir trouvé une amie, quelqu'un de sincère, une belle personne avec un cœur immense. Mais je ne savais pas encore que j'entrais dans un piège.

La Construction de l'Empire de Julia : La Manipulatrice en Action

Tous les soirs, j'étais impatiente de me connecter pour rejoindre Julia en live. C'était devenu un rituel. On passait des heures à discuter, à rire, à échanger. Julia savait créer des liens. Petit à petit, elle se formait une véritable petite armée d'adorateurs, dont je faisais partie. Chacun voulait sa place dans le cercle rapproché de Julia. Et elle le savait. Oh, elle le savait très bien.

Un soir, pendant un live "boost" (tu sais, ces lives interdits qui te font gagner des abonnés et récolter des cadeaux virtuels), un de nos camarades, que nous allons appeler Vince, arrive en retard. Julia devient glaciale. Vince était modérateur, et sa mission était de surveiller le chat, d'éliminer les commentaires haineux. Mais ce soir-là, il avait eu un contretemps au travail. Julia, d'apparence douce, se transforme soudain en tempête de colère. Elle l'humilie, le rabaisse devant tout le monde, le fait pleurer publiquement. C'est brutal, c'est cruel.

Et pourtant, personne ne réagit. Moi y compris. Pourquoi ? Parce que Julia avait déjà son emprise sur nous. Elle nous faisait croire qu'elle était la victime, que Vince était le méchant, et qu'on ne savait pas tout ce qui se passait en coulisses. Son pouvoir de manipulation était immense.

Cette nuit-là, Vince fut expulsé des modérateurs. À ma grande surprise, Julia m'offre sa place. J'étais flattée, honorée. Je n'y voyais que du feu.

L'Emprise de Julia s'Intensifie : L'Invasion Totale de Ma Vie

De modératrice, je deviens son bras droit. Mes débuts se passent bien, et Julia et moi nous rapprochons encore. Nous habitons à seulement 20 kilomètres l'une de l'autre, alors un jour, je propose à Julia de venir chez moi, de rencontrer ma famille. Elle accepte. Julia est maintenant une amie, du moins, c'est ce que je crois.

Mais très vite, Julia devient envahissante. Elle veut que je sois toujours là pour elle, prête à l'écouter se plaindre de ses soi-disant problèmes. Elle ne se soucie pas de mon enfant, de mon mari. Chaque soir, je dois être présente sur ses lives, sinon elle pique une crise. Quand je vais à mes cours de sport, elle me fait des scènes de jalousie. Julia commence à ressembler à ces personnes qu'on appelle les **pervers narcissiques**. Elle est habile, elle sait comment me faire sentir minable et dépendante d'elle.

Mon mari commence à s'inquiéter. Il me reproche d'être trop connectée, de ne plus passer de temps avec lui. Mais moi, je suis aveuglée, complètement sous l'emprise de Julia. Elle a pris le contrôle. Si je suis en retard à un live, elle m'humilie publiquement devant des centaines de personnes. Chaque mot qu'elle dit devient une arme contre moi.

L'Incident Majeur : La Mort du Père de Julia et La Descente aux Enfers

Je décide un jour de tout arrêter, de couper les ponts. Mais au moment où je me prépare à lui parler, Julia m'appelle, dévastée : son père vient de mourir chez elle, d'un arrêt cardiaque. Elle est en larmes, effondrée. Je ne peux rien dire, je n'ose pas. Ce n'est pas le bon moment. Julia organise même un live pour annoncer la nouvelle à ses abonnés.

C'est la compassion générale. Les cadeaux virtuels affluent comme jamais, pour montrer du soutien.

Puis Julia suggère que l'argent récolté pourrait servir à acheter une belle composition de fleurs pour la tombe de son père. Les dons explosent. Tout le monde veut contribuer, tout le monde veut être là pour elle.

Quelques jours après l'enterrement, Julia vient chez moi. Elle me confie avec un sourire en coin qu'elle a récolté 400 euros, non pas pour les fleurs, mais pour elle. Elle n'a pas honte. Pas du tout. Je suis choquée, dégoûtée. Mais je ne dis rien. J'ai trop peur de sa réaction.

L'Emprise Ultime et L'Évasion Finale

À ce stade, je suis complètement à la merci de Julia. Je suis piégée. Si je tente de m'éloigner, elle devient folle de rage. Je sais qu'elle est capable de tout, et je redoute ses colères. Elle m'a déjà humiliée publiquement, et je sais qu'elle peut aller encore plus loin. Je commence à avoir peur d'elle. Peur de ce qu'elle pourrait dire ou faire. Mais je finis par me décider, après des semaines de lutte intérieure.

Quand je lui annonce que je veux m'éloigner, Julia explose. Les menaces pleuvent. Les humiliations publiques reprennent de plus belle. Elle m'attaque sur tout : mon physique, mon poids, ma famille... elle invente des mensonges pour détruire ma réputation. Je tombe en dépression.

Mais petit à petit, les abonnés commencent à ouvrir les yeux. Ils voient enfin Julia pour ce qu'elle est vraiment : une manipulatrice, une personne toxique. Les gens quittent ses lives. Son armée se dissout. Elle finit par arrêter complètement ses lives. Julia disparaît du radar. Et c'est peut-être pour le mieux, car elle est bien trop dangereuse pour rester sur cette plateforme.

Reprendre le Contrôle : Ma Vie Après Julia

J'ai pris une pause de TikTok pendant un an après cette expérience traumatisante. Quand j'y suis retournée, c'était différent. J'ai appris à garder mes distances. Plus de liens personnels, plus d'attachement. Juste du fun, du contenu léger, et beaucoup de prudence.

Car oui, sur TikTok, comme dans la vie, il y a des gens merveilleux... mais aussi des Julia. Des personnes capables de t'atteindre au plus profond de toi et de te manipuler comme des marionnettes. Alors, fais attention. Prends soin de toi. Et souviens-toi que tout ce qui brille sur ton écran n'est pas forcément de l'or.

Aujourd'hui, je suis plus sage. Plus méfiante. Je m'amuse toujours sur TikTok, mais avec une nouvelle paire d'yeux. Et toi, prends garde aux Julia qui rôdent... parce qu'elles ne sont jamais très loin.

Comment Julia m'a Inspirée à Écrire Ce Livre : De l'Enfer Virtuel à la Prise de Conscience

Alors voilà, tu connais maintenant mon histoire avec Julia. Cette aventure a été un véritable tour de montagnes russes émotionnelles, mais sans le côté amusant du parc d'attractions. Plutôt une balade dans le train fantôme version TikTok, avec Julia dans le rôle du monstre caché dans l'ombre. Et franchement, après avoir vécu cette expérience traumatisante, je me suis demandé comment j'avais pu me laisser manipuler à ce point. Comment j'avais pu être aussi aveugle face à l'emprise psychologique de cette personne... et comment d'autres pourraient aussi tomber dans ce piège.

Quand J'ai Touché le Fond, J'ai Réalisé Qu'il Fallait Parler

Je ne vais pas te mentir, sortir des griffes de Julia n'a pas été facile. Ça a été comme arracher un pansement géant collé sur toute ma vie. Chaque jour, je me réveillais avec cette sensation d'avoir été trahie, manipulée, utilisée comme un pion dans son jeu malsain. J'ai commencé à me poser des tas de questions : comment avais-je pu laisser une parfaite inconnue envahir ma vie à ce point ? Pourquoi n'avais-je rien vu venir ? Pourquoi avait-elle réussi à avoir une telle emprise sur moi ?

Je suis restée des semaines, voire des mois, à ruminer tout ça. Et puis un jour, un déclic. Je me suis dit : "Attends, mais je ne suis pas la seule à qui ça pourrait arriver, loin de là. Et si moi, j'ai pu me faire manipuler par quelqu'un sur TikTok, combien d'autres personnes sont en train de vivre la même chose, sans même s'en rendre compte ?"

C'est à ce moment-là que l'idée d'écrire ce livre a commencé à germer.

L'Envers du Décor : Lever le Voile sur les Dangers Cachés

TikTok, c'est fun, c'est captivant, mais c'est aussi une plateforme où certains individus, comme Julia, utilisent leur pouvoir pour manipuler et contrôler les autres. Les réseaux sociaux, c'est un peu comme un grand terrain de jeu où chacun essaie de se faire une place. Mais il y a aussi des prédateurs qui savent exactement comment jouer avec tes émotions, comment te faire croire qu'ils sont tes amis, comment te faire sentir spécial(e) pour mieux te contrôler.

En réfléchissant à tout ça, j'ai compris que mon histoire n'était pas unique. Il y a sûrement des milliers de gens qui, comme moi, se sont laissés entraîner dans des relations toxiques en ligne. Peut-être pas avec une "Julia", mais avec d'autres personnes qui savent très bien manipuler leur public. Je voulais partager ce que j'avais appris, montrer les coulisses de ces dynamiques, mettre en lumière les dangers cachés que beaucoup d'entre nous ignorent ou minimisent.

J'ai voulu écrire ce livre pour **alerter**, pour **éduquer**, et surtout pour **ouvrir les yeux** de ceux qui, comme moi, pourraient se retrouver pris dans les filets de quelqu'un de toxique sur TikTok ou ailleurs.

Des Rires aux Larmes : Voir l'Autre Côté de TikTok

Tu vois, après ma pause d'un an, j'ai recommencé à regarder TikTok d'un autre œil. J'ai vu toutes ces vidéos sous un nouveau jour. Ce qui semblait innocent ou anodin avant prenait soudain un tout autre sens. J'ai remarqué des comportements de manipulation, des drames soigneusement orchestrés pour attirer l'attention, des appels à la compassion qui sentaient l'arnaque à plein nez. Bref, des situations qui ressemblaient étrangement à ce que j'avais vécu avec Julia.

Je me suis dit : "Et si moi, j'avais su repérer ces signes plus tôt, j'aurais peut-être évité tout ça." Alors pourquoi ne pas aider d'autres à ouvrir les yeux avant qu'il ne soit trop tard ? Pourquoi ne pas leur donner les clés pour comprendre comment fonctionne ce jeu de manipulation et, surtout, comment s'en protéger ?

Écrire Pour Tourner la Page... et Pour Ouvrir la Tienne

Mais il y a aussi une autre raison pour laquelle j'ai voulu écrire ce livre. Je devais me libérer de Julia, exorciser ce démon virtuel qui avait tellement pesé sur moi. Écrire, c'est comme une thérapie : c'est poser les mots sur le papier, sortir tout ce que j'avais sur le cœur, et tourner la page. Enfin, essayer de tourner la page, même si le fantôme de Julia continue parfois à rôder dans mon esprit.

C'est un peu comme si j'avais été plongée dans une série Netflix dont je ne pouvais pas sortir, et écrire ce livre était le moyen de clôturer la saison finale, une bonne fois pour toutes. Mais au lieu de garder cette histoire pour moi, j'ai voulu la partager avec vous. Parce que tu sais quoi ? Je crois sincèrement qu'en racontant mon expérience, je peux aider d'autres personnes à ne pas tomber dans le même piège.

Julia, l'Anti-Héros qui m'a Appris à Voir Plus Clair

Julia, malgré tout ce qu'elle m'a fait vivre, m'a appris quelque chose d'essentiel : sur TikTok comme ailleurs, il faut garder les yeux ouverts. Ne pas se laisser berner par les apparences. Parce que, derrière chaque vidéo de "bienveillance", de "compassion", il peut y avoir un manipulateur en puissance, prêt à tout pour obtenir ce qu'il veut.

En écrivant ce livre, j'ai voulu créer un guide, une sorte de manuel de survie pour TikTok et les autres réseaux sociaux. Un moyen de montrer que oui, il y a des côtés géniaux sur ces plateformes, mais qu'il y a aussi des dangers bien réels. Des dangers qui peuvent te voler ton temps, ton énergie, et même ta paix intérieure.

Je voulais que tu saches que si tu sens que quelqu'un a trop d'emprise sur toi, si tu commences à te sentir petit, insignifiant, ou coupable sans raison, il est temps de prendre du recul. C'est le moment de dire stop, de reprendre le contrôle. Parce que ta vie, ce n'est pas un live TikTok où quelqu'un d'autre dicte les règles. Ta vie, c'est ton histoire, et personne ne devrait en être le scénariste à ta place.

Conclusion : Faire Face aux Dramas, avec Sagesse et Confiance

Alors voilà, pourquoi ce livre ? Parce que Julia m'a appris, à sa manière tordue, que tout ce qui se passe en ligne peut avoir de vrais impacts dans la vie réelle. Parce que je veux que tu puisses naviguer sur TikTok, ou sur n'importe quelle autre plateforme, avec confiance, sans te laisser manipuler par des gens qui ne veulent pas ton bien.

Je veux que tu restes curieux, que tu continues à t'amuser, à explorer, à créer... mais avec des yeux bien ouverts. Parce qu'au fond, TikTok, c'est comme la vraie vie : il y a des gens formidables, et d'autres... moins formidables. Alors, prends ce livre comme un avertissement, une aide, un petit coup de pouce pour que toi, tu puisses profiter du meilleur de TikTok... sans te faire avoir par une "Julia".

Et maintenant, continue de lire. Parce que crois-moi, les révélations ne font que commencer. 😊

Chapitre 6 : Les Arnaques à l'Argent : Faux Appels à Dons et Cagnottes

Bienvenue dans l'arrière-boutique sombre de TikTok, où derrière les vidéos de danse, les challenges marrants, et les sketchs comiques, se cache une réalité beaucoup moins joyeuse. Tu penses que tu connais TikTok ? Attends de découvrir ce que certaines personnes sont prêtes à faire pour soutirer de l'argent aux autres. Parce que oui, derrière l'écran, il y a des créateurs qui ne reculent devant rien pour tirer profit de la générosité et de la compassion des autres.

TikTok, c'est un peu comme une ville avec des quartiers très différents. Il y a les endroits cools où tu te sens bien, où tout le monde est sympa et s'éclate... et puis, il y a les coins un peu louches, où tu dois bien garder ton portefeuille et tes émotions bien accrochés. C'est de ces coins-là que je vais te parler aujourd'hui. Parce qu'il est temps d'ouvrir les yeux sur les **arnaques à l'argent** qui pullulent sur cette plateforme.

Arnaques Courantes : Quand la Générosité Devient un Business

L'une des arnaques les plus répandues sur TikTok, c'est le faux appel à dons ou les fausses cagnottes. Ces arnaques jouent sur nos émotions, notre empathie, notre envie d'aider. Tu te dis sûrement : "Mais qui oserait arnaquer des gens en inventant des histoires tristes ?" Eh bien, beaucoup plus de personnes que tu ne l'imagines.

Les Fausses Cagnottes pour des Causes Inexistantes

Imagine ceci : tu tombes sur un live où un créateur raconte l'histoire déchirante d'une petite fille de 8 ans qui est en phase terminale. Sa maman est désespérée, et les médecins ne donnent plus beaucoup de temps à cette petite. Le créateur lance alors une cagnotte pour réaliser les rêves de cette enfant avant qu'il ne soit trop tard. Le live est touchant, les larmes sont au rendez-vous, les commentaires affluent de partout avec des messages de soutien, des cœurs et des prières. Les dons s'accumulent à une vitesse incroyable.

Mais voilà le problème : la petite fille n'existe pas. Ou pire encore, elle existe, mais l'argent n'arrivera jamais jusqu'à sa maman. Tout est une mise en scène orchestrée par un créateur sans scrupules qui sait parfaitement comment manipuler les émotions des spectateurs pour remplir ses propres poches.

Les Tiktokeurs Qui S'inventent des Maladies Graves

Autre méthode classique : se faire passer pour malade. Certains tiktokeurs vont jusqu'à inventer des maladies graves pour susciter de la compassion et obtenir des cadeaux virtuels. Une créatrice raconte, en larmes, qu'elle est atteinte d'un cancer rare et incurable. Elle poste des vidéos d'elle à l'hôpital (ou du moins ce qui ressemble à un hôpital), des photos de ses médicaments, parle de traitements coûteux et de l'impact sur sa vie. Les abonnés, touchés par sa situation, se précipitent pour envoyer des cadeaux virtuels et même de l'argent réel.

Le problème, c'est que tout est faux. Il n'y a pas de maladie, pas de traitements. Juste une personne qui a trouvé un moyen tordu de tirer profit de la générosité des autres. Quand la vérité finit par éclater, il est souvent trop tard : l'argent est déjà dépensé, les dons virtuels envolés, et les abonnés trahis.

Les Dramas Créés de Toutes Pièces pour Attirer l'Attention et les Dons

Certains tiktokeurs ont une technique un peu différente : ils créent eux-mêmes des dramas pour attirer l'attention et faire monter leur visibilité. Par exemple, ils simulent un conflit avec un autre créateur, se mettent en scène dans des disputes qui semblent sincères et passionnées, et soudain, ils lancent un appel aux dons pour "soutenir" leur cause ou pour compenser des pertes imaginaires. "Aidez-moi à me relever après cette terrible trahison", "soutenez-moi dans ce combat pour la vérité"... tu vois le genre ?

Tout est orchestré de A à Z pour capter l'attention, susciter l'émotion, et ouvrir ton portefeuille. Ces faux dramas deviennent des pièges à clics, à vues... et à argent. Et les créateurs derrière ces histoires deviennent des experts dans l'art de manipuler l'opinion et d'exploiter la compassion humaine.

Les Fausses Cagnottes pour de Soi-disant Associations

Un autre classique, c'est la fausse cagnotte pour une soi-disant association. Un créateur annonce qu'il va organiser un live spécial pour récolter des fonds pour une association qui lui tient à cœur. Il montre même des photos, des logos, des témoignages pour rendre tout ça bien crédible. Les abonnés sont séduits par l'initiative, ils veulent participer à une bonne cause, alors ils font des dons.

Mais l'association n'existe pas. Ou alors, elle n'a jamais entendu parler de ce créateur. L'argent finit sur son compte personnel, et la cause qu'il prétend défendre ne voit jamais la couleur d'un centime. Encore une fois, la générosité des autres est utilisée comme une arme pour s'enrichir rapidement.

Témoignages de Victimes Anonymes : La Réalité Derrière les Arnaques

Pour te montrer à quel point ces arnaques peuvent faire mal, voici quelques témoignages de victimes anonymes, des personnes qui ont été prises au piège par ces escroqueries émotionnelles.

1. Carole, 38 ans : "J'ai Donné pour Rien"

"J'ai vu ce live sur une petite fille malade, ça m'a brisé le cœur. J'ai moi-même une fille du même âge, alors ça m'a touchée profondément. J'ai fait un don de 50 euros, ce n'est pas grand-chose, mais c'était tout ce que je pouvais donner à ce moment-là. Quand j'ai appris que tout était faux, j'ai eu l'impression qu'on m'avait volé une part de moi-même. Plus que l'argent, c'est la trahison qui fait mal. Comment peut-on jouer avec les émotions des gens de cette manière ?"

2. David, 25 ans : "J'ai Été Manipulé"

"Il y avait ce créateur que je suivais depuis des mois. Il semblait vraiment authentique, il parlait de ses problèmes de santé et de son besoin d'aide pour ses traitements. J'ai envoyé des cadeaux virtuels à chaque live. J'ai même fait un virement de 100 euros pour l'aider avec ses médicaments. Mais ensuite, j'ai découvert qu'il n'était même pas malade. C'était un acteur, un escroc, rien de plus. J'ai supprimé TikTok pendant plusieurs mois après ça. J'ai perdu confiance dans tout le monde."

3. **Laura, 19 ans : "Je Me Suis Sentie Comme une Idiote"**

"Je voulais faire quelque chose de bien, aider une association pour des enfants malades. J'ai donné de l'argent, j'ai même mobilisé mes amis pour participer au live. Puis, on a appris que l'association n'avait jamais entendu parler de cette cagnotte. Je me suis sentie bête, naïve, et tellement en colère. On ne joue pas avec des causes comme ça. C'est cruel."

Conclusion : Comment Ne Pas Tomber dans le Piège ?

Ces histoires sont là pour te montrer que les arnaques sur TikTok, c'est du sérieux. Les escrocs savent comment jouer avec tes émotions, comment te manipuler pour que tu sortes ta carte bancaire ou que tu envoies des cadeaux virtuels. Alors, comment te protéger ?

Toujours vérifier la crédibilité d'un appel à dons ou d'une cagnotte. Effectue des recherches, demande des preuves, ne te fie pas uniquement aux vidéos ou aux paroles des créateurs.

Ne donne jamais sous la pression de l'émotion. Prends le temps de réfléchir, de vérifier, et de te demander si tout cela semble logique et crédible.

Fais confiance à ton instinct. Si quelque chose te semble louche ou exagéré, c'est peut-être le cas. Ne te laisse pas manipuler par des appels à la compassion ou des histoires trop belles pour être vraies.

TikTok, comme toute plateforme, est un lieu d'échanges et de partage, mais c'est aussi un terrain fertile pour les escrocs. Reste vigilant(e), garde tes émotions sous contrôle, et ne laisse personne te manipuler... même sous couvert de bienveillance. Parce que dans le monde des réseaux sociaux, tout ce qui brille n'est pas de l'or.

Chapitre 7 : L'Art de la Manipulation : Se Faire Passer pour Malade ou en Détresse

Ah, TikTok, ce monde merveilleux où tout semble possible, où des gens dansent, chantent, cuisinent des pâtes aux Cheetos, et... se font parfois passer pour gravement malades. Oui, tu as bien lu. Derrière les vidéos de chorégraphies et de défis loufoques, certains utilisateurs ont découvert l'art de la manipulation et l'ont élevé au rang de grand spectacle. Leur arme secrète ? Se faire passer pour malades ou en détresse pour attirer l'attention, déclencher la compassion, et, bien sûr, soutirer de l'argent.

Tu vois, sur TikTok, certains ne reculent devant rien pour avoir leur minute de gloire et, accessoirement, remplir leur portefeuille. Ils ont compris que l'une des clés du succès sur la plateforme, c'est l'émotion. Et quoi de mieux que de jouer avec les émotions des autres en se faisant passer pour une victime désespérée ? Allons explorer cette pratique tordue et décryptons ensemble comment ces faux malades et faux désespérés jouent de leur talent... pour embobiner tout le monde.

L'Étude de Cas : Quand la Maladie Devient un Scénario Parfait

Tu as sûrement déjà vu passer ce genre de vidéos : une personne, visiblement en détresse, les yeux rougis de larmes, raconte à sa communauté qu'elle est gravement malade. Le ton est grave, la musique triste en fond sonore est là pour amplifier le drame. Elle te parle de traitements coûteux, de chimiothérapies ou de médicaments hors de prix, de l'impossibilité de joindre les deux bouts. On a le cœur serré, l'envie de l'aider est instantanée. Et c'est exactement ce que ces manipulateurs espèrent.

Voici quelques exemples concrets, juste pour que tu comprennes à quel point certains tiktokeurs sont prêts à tout pour se faire passer pour des victimes en quête d'aide.

Le Faux Cancer qui a Captivé Tout TikTok

Commençons par l'un des cas les plus tristement célèbres : une jeune femme d'apparence fragile, au sourire doux mais triste, a raconté à sa communauté être atteinte d'un cancer rare et agressif. Elle a posté des vidéos montrant des perfusions (sûrement récupérées sur des images libres de droits ou dans un vrai hôpital où elle était juste en visite). Elle parlait de son parcours du combattant contre la maladie, de ses "bons" et "mauvais" jours, de ses peurs pour l'avenir.

La communauté a été captivée. Les dons ont commencé à affluer, les cadeaux virtuels sont devenus monnaie courante. Elle a même organisé une cagnotte pour "financer ses traitements". Mais voilà, quelques mois plus tard, un utilisateur a commencé à poser des questions. Pourquoi n'y avait-il jamais de détails concrets sur les traitements ? Pourquoi certaines images semblaient-elles familières, comme prises d'ailleurs ? Après enquête, il a été révélé que cette personne n'était même pas malade. Tout était inventé. Elle s'était tout simplement fait passer pour une malade afin de soutirer de l'argent et profiter de la générosité des autres.

L'Histoire Tragique du Faux Accident de Voiture

Un autre cas célèbre est celui d'un tiktokeur qui, du jour au lendemain, a commencé à poster des vidéos depuis ce qui semblait être un lit d'hôpital. Dans une voix faible et tremblante, il racontait son histoire tragique : un accident de voiture qui l'avait laissé gravement blessé, incapable de travailler ou de marcher pendant des mois. Il avait besoin d'une rééducation coûteuse et d'une aide financière pour se remettre sur pied.

Les abonnés étaient émus, les commentaires de soutien ne cessaient d'arriver. Les cadeaux virtuels, là encore, se sont accumulés. Mais des utilisateurs, en fouillant un peu, ont découvert que les vidéos de l'hôpital avaient été tournées... dans une chambre d'hôtel transformée pour l'occasion ! Il n'y avait jamais eu d'accident de voiture, jamais de blessures. Encore une fois, tout était faux, tout était fabriqué pour générer de l'argent et de la notoriété rapide.

L'Éternel Jeu des Faux Dépressifs

Certains tiktokeurs vont jusqu'à se faire passer pour des personnes en grande détresse émotionnelle, souffrant de dépression, ou même de pensées suicidaires. Leur objectif ? Obtenir de la sympathie, de l'attention, et bien sûr, des dons. Ils postent des vidéos en pleurant, expliquant à quel point la vie est dure, qu'ils n'en peuvent plus, qu'ils ont besoin de l'aide de leur communauté pour s'en sortir. Ils demandent des cadeaux virtuels pour "rester motivés", ou encore de l'argent pour "aller voir un psy".

Une fois encore, tout n'est que jeu de scène. Ces créateurs ne souffrent pas réellement de ce qu'ils prétendent. Ils exploitent des problèmes de santé mentale pour manipuler leurs abonnés et les pousser à leur donner de l'argent. Quand la vérité éclate, l'indignation est générale, mais souvent… il est déjà trop tard.

L'Impact Dévastateur sur les Vraies Victimes

Maintenant, tu te demandes peut-être : pourquoi ces fausses histoires sont-elles si graves ? Eh bien, parce qu'elles ont un impact énorme sur la vraie vie et les vraies victimes. Imagine que tu es vraiment malade, que tu luttes contre une maladie grave ou que tu traverses une période de détresse mentale réelle. Tu te tournes vers TikTok pour chercher du soutien, de la compassion, peut-être même de l'aide financière. Et là, tu découvres que d'autres ont abusé de la générosité des gens avec des histoires inventées de toutes pièces.

La Perte de Confiance dans les Appels à l'Aide

Ces arnaques créent une méfiance généralisée. Les gens deviennent sceptiques, ils se demandent si tout ce qu'ils voient en ligne est réel ou non. La prochaine fois qu'une vraie personne en détresse demandera de l'aide, il y a de grandes chances que les utilisateurs soient moins enclins à donner ou à soutenir. Ils craindront de se faire avoir, encore une fois. Résultat ? Ceux qui ont vraiment besoin d'aide voient leurs chances de recevoir du soutien diminuer.

La Stigmatisation des Maladies Mentales et Physiques

Quand des gens simulent des maladies graves ou des détresses émotionnelles, cela jette une ombre sur tous ceux qui vivent réellement ces situations. Ceux qui luttent contre le cancer, la dépression, ou d'autres problèmes sérieux se sentent stigmatisés. Leurs luttes deviennent moins crédibles aux yeux du public, simplement parce que certains ont utilisé leur souffrance comme outil de manipulation.

L'Épuisement Émotionnel de la Communauté

Les utilisateurs de TikTok sont des gens comme toi et moi, avec des émotions, de la compassion, et souvent une envie sincère d'aider. Mais quand on découvre qu'on a été manipulé, qu'on a été utilisé, ça fait mal. Cela épuise émotionnellement, ça nous rend cyniques et méfiants. On finit par douter de tout et de tout le monde. Le résultat ? Une communauté moins engagée, moins ouverte, et beaucoup plus froide.

Les Méthodes de Manipulation : Comment Ils Jouent avec Tes Émotions

Tu te demandes comment ces manipulateurs réussissent à berner autant de gens ? Eh bien, ils sont passés maîtres dans l'art de jouer avec nos émotions. Voici quelques-unes de leurs tactiques préférées :

Le Recours au Pathos : T'es Touché en Plein Cœur

Ils utilisent des récits déchirants, souvent avec des détails très personnels qui te font te sentir impliqué émotionnellement. Ils savent que plus leur histoire semble authentique et émotive, plus tu seras enclin à aider.

Les Vidéos en Direct : Le Pouvoir de l'Instantanéité

Ils préfèrent souvent les vidéos en direct (les lives), car ils peuvent capter ton attention en temps réel, répondre à tes commentaires, jouer sur tes réactions immédiates. Ils savent que le direct crée une impression d'authenticité, d'urgence. Quand tu vois quelqu'un en pleurs en direct, tu es plus susceptible de réagir sur le coup, sans trop réfléchir.

La Crédibilité par l'Apparence et les Décors

Pour te faire croire à leurs histoires, ils vont créer des décors crédibles : des chambres d'hôpital (improvisées ou photographiées en cachette), des médicaments (achetés en ligne ou empruntés à des amis), des papiers officiels (faux ou modifiés). Ils savent que visuellement, s'ils peuvent te convaincre, la moitié de la bataille est gagnée.

Le Renforcement Positif : Les "Merci" et les Encouragements

Ils sont souvent très habiles à remercier publiquement ceux qui donnent, en les félicitant, en les mettant en avant. Ils créent une sorte de compétition de générosité. Plus tu donnes, plus tu es remercié, et plus tu veux continuer à donner pour recevoir cette validation sociale.

Comment Ne Pas Tomber dans le Piège ? Conseils Pour Te Protéger

Alors, comment te protéger de ces manipulateurs sans cœur ? Voici quelques conseils pour naviguer dans cette jungle virtuelle :

Fais toujours tes recherches. Avant de donner à quelqu'un, prends le temps de vérifier son histoire. Regarde ses autres vidéos, cherche des incohérences, lis les commentaires. Vois s'il y a d'autres sources d'information sur cette personne.

Ne te laisse pas emporter par l'émotion immédiate. Prends du recul, respire, et réfléchis avant de sortir ton portefeuille.

Sois prudent avec les lives émotionnels. Souviens-toi que les lives sont souvent utilisés pour créer une fausse impression d'urgence et d'authenticité.

Cherche des preuves concrètes. Demande des documents, des photos, des preuves tangibles. Un vrai besoin d'aide n'a rien à cacher.

Alors voilà, maintenant tu sais comment certains utilisent la maladie ou la détresse pour manipuler les autres. Fais attention, garde ton esprit critique aiguisé, et ne laisse personne jouer avec tes émotions comme un marionnettiste manipule ses marionnettes. Parce que sur TikTok, tout n'est pas toujours ce qu'il semble être, et il vaut mieux garder les yeux ouverts... et le portefeuille fermé, quand il le faut.

Chapitre 8 : Le "Clout Chasing" : Créer des Dramas pour la Notoriété

Ah, le "clout chasing" ! Si tu traînes un peu sur TikTok, tu as probablement déjà entendu ce terme. Si ce n'est pas le cas, laisse-moi te faire un petit débrief. Le clout chasing, c'est un peu comme courir après un ballon gonflé d'attention. On cherche à devenir célèbre, mais pas pour une bonne raison. Non, ici, l'idée, c'est d'utiliser des **dramas** pour se faire un nom, attirer les regards, et faire grimper ses vues et ses abonnés en flèche. En gros, le clout chaser, c'est un peu ce créateur qui n'hésite pas à plonger la tête la première dans une piscine de scandales, juste pour être dans la lumière des projecteurs.

Alors, pourquoi les gens font ça ? Pourquoi certains créateurs sont prêts à tout, même à inventer ou amplifier des dramas, juste pour gagner un peu plus de visibilité sur TikTok ? On va plonger dans ce monde étrange et parfois hilarant du clout chasing, te montrer comment ça marche, et pourquoi tu devrais y faire attention (ou au moins t'en méfier...).

Qu'est-ce que le "Clout Chasing" ?

Le clout chasing, c'est littéralement **chasser le clout**, c'est-à-dire la notoriété, la reconnaissance, le respect social. Sur TikTok, ça veut dire attirer le maximum de vues, de likes, de commentaires, et d'abonnés, même si pour cela, tu dois enflammer tout le réseau avec un bon gros drama. Les clout chasers, ce sont ceux qui pensent que peu importe pourquoi on parle de toi, l'important, c'est qu'on parle de toi.

Ces créateurs vont donc soit :

Inventer des dramas de toutes pièces, en lançant de fausses accusations, des rumeurs, des révélations "choc".

Amplifier un conflit existant, en y ajoutant de l'huile sur le feu, en prenant parti de façon bruyante, ou en créant des alliances et des rivalités.

Créer des vidéos réponse, même quand personne ne leur a rien demandé, juste pour s'incruster dans un drama déjà en cours et attirer un peu de visibilité.

Le clout chasing, c'est comme la télé-réalité, mais version TikTok : tout est exagéré, amplifié, mis en scène pour créer de la tension, du conflit, et surtout du contenu qui fait parler.

Analyse de Cas : Des Dramas Savamment Orchestrés pour Faire du Buzz

Maintenant que tu sais ce qu'est le clout chasing, voyons ensemble quelques exemples concrets. Parce que rien ne vaut une petite étude de cas pour bien comprendre comment certains créateurs jouent avec le feu... et parfois s'y brûlent ! **Le Cas du Faux Conflit Amoureux : Quand Tout Est Permis Pour Gagner des Vues**

Laisse-moi te raconter l'histoire de deux créateurs hyper populaires qui ont soudainement décidé de partager publiquement leur relation amoureuse. Ça commence par des vidéos adorables : ils s'embrassent, dansent ensemble, racontent leurs petits secrets... TikTok est sous le charme. Mais voilà, quelques semaines plus tard, c'est le choc. Ils annoncent leur rupture en live, en pleurs, accusant l'un et l'autre de trahison. Les abonnés sont pris dans le tourbillon : Team Lui ou Team Elle ? Les vidéos-réponse, les duos, les commentaires pleuvent comme jamais.

Et là, coup de théâtre : après quelques jours de drama intense, ils annoncent que c'était... un canular. Juste un moyen de faire parler d'eux, d'amplifier leur visibilité. Résultat ? Des millions de vues, des milliers de nouveaux abonnés. Et le pire ? Ça a marché. Ils ont réussi à monopoliser l'attention de toute la communauté pendant une semaine.

Le Tiktokeur qui a "Volé" une Danse et Déclenché une Guerre

Voici une autre histoire : un créateur de danse très connu poste une nouvelle chorégraphie qui devient rapidement virale. Mais, quelques jours plus tard, un autre créateur l'accuse de lui avoir volé ses pas de danse. Un vrai scandale éclate sur TikTok : les fans des deux camps s'emballent, ça commente, ça se bagarre, et les vidéos-réponses explosent. Pendant plusieurs jours, tout TikTok ne parle que de ça.

Mais voilà le twist : les deux créateurs étaient en fait de mèche depuis le début. Ils avaient orchestré ce faux conflit pour profiter du buzz et faire grimper leur nombre d'abonnés. Résultat ? Un coup de maître. Ils gagnent tous les deux en visibilité, et chacun a récolté des milliers de nouveaux followers.

Le Drame Inventé du Tiktokeur en Danger : Quand la Peur Devient un Outil

Un autre exemple : un tiktokeur populaire, connu pour ses vidéos humoristiques, décide de publier une série de vidéos où il explique être suivi et harcelé par une personne mystérieuse. Il filme des scènes où il se sent "épié", il partage des messages inquiétants, il parle de menaces. La communauté est en émoi : tout le monde s'inquiète, tout le monde commente, partage, essaye de comprendre ce qui se passe. Les vidéos font un carton, et son nombre d'abonnés explose.

Quelques semaines plus tard, il avoue que tout cela n'était qu'une mise en scène pour sensibiliser à la sécurité en ligne (mais surtout pour faire le buzz). Les abonnés sont partagés entre indignation et amusement. Mais quoi qu'il en soit, il a réussi son pari : sa visibilité a grimpé en flèche, et il a fait parler de lui bien au-delà de sa communauté habituelle.

Pourquoi le Clout Chasing Fonctionne-T-Il ?

Tu te demandes sûrement : "Mais pourquoi ça marche, tout ça ? Pourquoi ces gens qui créent des dramas bidons arrivent à gagner en notoriété ?" Eh bien, il y a plusieurs raisons pour lesquelles le clout chasing est aussi efficace.

L'Amour du Drame : On Aime Tous un Bon Conflit

Soyons honnêtes : on adore le drama. Il y a une raison pour laquelle les téléréalités ont autant de succès, ou pourquoi les potins de célébrités sont toujours aussi populaires. Voir des gens se disputer, se tromper, se réconcilier, ça nous fascine. C'est du spectacle, du divertissement pur. Et sur TikTok, le clout chaser sait parfaitement jouer avec ça.

L'Algorithme qui Alimente le Feu

On en a déjà parlé dans un autre chapitre, mais l'algorithme de TikTok adore tout ce qui génère de l'engagement. Et quoi de mieux qu'un bon drama pour faire exploser les likes, les commentaires, les partages ? L'algorithme ne se préoccupe pas de savoir si le drama est réel ou inventé. Tout ce qui compte, c'est l'engagement qu'il génère. Alors, il le met en avant, il le promeut, il le pousse sur les FYP. Résultat ? Les créateurs qui jouent la carte du drama voient leur visibilité grimper en flèche.

La Curiosité Humaine : On Ne Peut Pas S'Empêcher de Regarder

On est tous un peu curieux, c'est humain. Quand un conflit éclate, on veut savoir de quoi il retourne. Qui a fait quoi ? Qui a raison, qui a tort ? Et comme le clout chaser sait que tu ne peux pas t'empêcher de cliquer pour savoir, il te sert exactement ce que tu veux : du contenu polémique, accrocheur, qui suscite ta curiosité.

Les Risques du Clout Chasing : Quand Jouer avec le Feu se Retourne Contre Toi

Mais attention, tous les clout chasers ne finissent pas en haut de l'affiche. Pour certains, le jeu du drama peut se retourner contre eux de façon spectaculaire.

La Perte de Crédibilité : L'Épée à Double Tranchant

Quand la communauté découvre que tout le drama était monté de toutes pièces, la réaction peut être violente. Les abonnés se sentent trahis, manipulés, et ils n'hésitent pas à se désabonner en masse, voire à dénoncer le créateur. La crédibilité est difficile à construire, mais très facile à perdre. Certains créateurs qui ont joué avec le clout chasing se sont retrouvés blacklistés par la communauté, leurs noms associés à des mensonges et des manipulations.

Les Conséquences Juridiques : Quand Ça Va Trop Loin

Certains clout chasers vont tellement loin dans leurs histoires qu'ils frôlent, voire dépassent, les limites de la légalité. Fausse déclaration, diffamation, harcèlement... les dramas peuvent vite prendre une tournure sérieuse. Et là, ce n'est plus seulement une question de "likes" et de "vues", mais aussi de poursuites judiciaires potentielles. Quelques créateurs ont même été traînés devant les tribunaux pour des accusations fausses qu'ils avaient lancées en quête de visibilité.

L'Épuisement de la Communauté : Le Point de Saturation

Le clout chasing peut aussi entraîner une fatigue de la communauté. À force de voir des dramas artificiels, les utilisateurs deviennent méfiants, sceptiques, et moins enclins à participer ou à s'engager. Le clout chasing, s'il est utilisé de manière excessive, peut tuer l'engagement naturel et sincère qui fait la force de TikTok.

Comment Repérer un Clout Chaser et Ne Pas Tomber dans le Piège ?

Maintenant, tu te demandes sûrement comment éviter de tomber dans le piège de ces clout chasers. Voici quelques signes à surveiller :

Les histoires trop parfaites ou trop dramatiques. Si quelque chose semble trop fou pour être vrai, c'est probablement le cas.

Les créateurs qui sont toujours au cœur de conflits. Si quelqu'un est constamment impliqué dans des dramas, il se pourrait bien qu'il soit à l'origine de quelques-uns.

Les vidéos-réponses non sollicitées. Un créateur qui saute sur chaque opportunité de répondre à des conflits, même s'il n'est pas concerné directement, pourrait bien être un clout chaser en quête de vues.

Les demandes d'argent ou de soutien après un drama. Attention aux appels aux dons ou aux cagnottes qui suivent de près un gros drama.

Conclusion : Clout Chaser ou Pas, Garde Ton Esprit Critique en Éveil !

Voilà, tu sais maintenant tout sur le clout chasing et ses adeptes. C'est une pratique qui peut rapporter gros, mais qui peut aussi ruiner une réputation. La prochaine fois que tu te retrouves face à un drama sur TikTok, pose-toi la question : est-ce un vrai conflit, ou est-ce juste un spectacle monté pour faire du buzz ?

Amuse-toi, profite du spectacle, mais garde toujours un œil critique. Sur TikTok, comme dans la vie, tout n'est pas toujours ce qu'il semble être... et il est préférable de ne pas se laisser embarquer dans le tourbillon de la quête de notoriété à tout prix ! 🍂

Chapitre 9 : Les Fausses Tendances et Défis : Une Stratégie de Manipulation

Ah, TikTok… là où les tendances et défis naissent et se multiplient plus vite que des gremlins sous la pluie. Un jour, tout le monde fait la danse du "Renegade", et le lendemain, c'est le "Wipe It Down Challenge". Mais as-tu déjà remarqué que certaines tendances surgissent de nulle part et deviennent virales du jour au lendemain, sans que personne ne comprenne vraiment pourquoi ? Eh bien, il y a souvent un petit secret derrière : certaines de ces tendances sont **manipulées** pour te faire cliquer, swiper, et même te mettre en danger, tout ça pour le bénéfice de quelques créateurs rusés.

Dans ce chapitre, on va décortiquer le phénomène des fausses tendances et défis qui envahissent TikTok et voir comment ils sont utilisés comme une stratégie de manipulation. Parce que oui, toutes ces vidéos ne sont pas toujours ce qu'elles semblent être… et il y a des créateurs malins qui savent très bien comment jouer avec tes pouces et ton cerveau.

Les Fausses Tendances : Quand le Buzz Est Fabriqué de Toutes Pièces

Sur TikTok, les tendances naissent et meurent en un clin d'œil. Certaines sont totalement spontanées, créées par des utilisateurs qui ne cherchaient qu'à s'amuser, mais d'autres... sont moins innocentes. Une **fausse tendance**, c'est quand un groupe de créateurs, voire des marques, décide de lancer un défi ou une tendance de manière artificielle pour atteindre un objectif précis : gagner en visibilité, vendre un produit, ou simplement devenir viral.

L'Exemple du Hashtag Inventé : Le "#BlueEyesChallenge"

Un jour, tu te connectes et tu vois plein de vidéos avec le hashtag **#BlueEyesChallenge**. L'idée ? Montrer tes yeux bleus sous un certain filtre magique. Tout le monde semble jouer le jeu, et toi, même avec tes yeux marron, tu commences à te dire : "Et si je tentais moi aussi ?" Mais voilà la réalité : cette tendance a été lancée par un groupe de créateurs qui voulaient faire gonfler leurs statistiques. Ils ont commencé à poster des vidéos avec ce hashtag, à s'auto-liker, s'auto-commenter et, petit à petit, ils ont donné l'impression qu'un truc super cool était en train de se passer.

Résultat ? Des millions de vues, de nouveaux abonnés, et un hashtag qui finit par se retrouver sur la FYP de tout le monde. Mais en réalité, il n'y a jamais eu de défi à relever. Tout ça, c'était une pure invention, un coup monté pour attirer du monde et générer du contenu viral.

Le Défi Fake de La Recette Miracle : Le "#CoffeeChallenge"

Tu te souviens du fameux défi où tout le monde devait préparer ce café fouetté, le "Dalgona Coffee" ? Certains créateurs ont eu l'idée d'en faire un remake plus extrême : le **#SpicyCoffeeChallenge**. L'idée ? Ajouter une tonne de piment dans son café, puis boire cul sec, le tout en souriant pour montrer qu'on est un(e) vrai(e) warrior.

La vérité ? Ce défi a été créé de toutes pièces par quelques influenceurs qui cherchaient à attirer l'attention, avec l'espoir que le défi devienne viral et que leur nom soit sur toutes les lèvres (ou, dans ce cas, toutes les langues brûlées). Mais ce qu'ils n'ont pas pris en compte, c'est que certains ont vraiment tenté le coup... et ont fini par regretter amèrement cette mauvaise idée devant des millions de spectateurs moqueurs.

Les Défis Dangereux : Quand TikTok Peut Devenir... Un Peu Trop Risqué

Certaines fausses tendances ne sont pas seulement agaçantes ou inutiles, elles peuvent aussi être carrément dangereuses. Des créateurs inventent des défis à risques, et malheureusement, de nombreux utilisateurs se laissent entraîner dans l'aventure sans mesurer les conséquences potentielles. Voici quelques exemples de défis qui auraient mieux fait de rester dans les tiroirs :

Le Défi de la "Caisse de Lait" : Cascade ou Désastre Assuré ?

On se souvient tous du **Milk Crate Challenge**, ce défi qui consistait à empiler des caisses de lait en plastique pour en faire une sorte de pyramide branlante, puis tenter de marcher dessus sans tomber. Spoiler alert : **99% des gens tombaient**. Et pas de la meilleure façon. Genoux écorchés, chevilles tordues, quelques os cassés... tout ça pour une poignée de vues et quelques likes.

Ce défi est un bon exemple de comment une idée idiote devient virale parce que les créateurs savaient que les chutes seraient drôles et impressionnantes à regarder. Ils ont amplifié le défi, partagé les vidéos des chutes les plus spectaculaires, et encouragé d'autres à essayer, tout en sachant pertinemment que c'était super dangereux.

Le "Dry Scoop Challenge" : Quand Prendre des Risques Pour le Like Vire au Cauchemardesque

Voici une autre perle du genre : le **Dry Scoop Challenge**, où l'idée est de manger une cuillère de poudre de complément alimentaire pour sportifs **sans eau**. Facile, non ? Eh bien, non. Les risques d'étouffement, de crise cardiaque (oui, c'est arrivé à quelques personnes), et d'autres joyeusetés n'étaient pas exactement mentionnés dans la description de la vidéo.

Certains créateurs ont lancé ce défi pour se donner une image de "durs à cuire", mais ils ne s'attendaient peut-être pas à ce que d'autres, moins informés ou plus influençables, le prennent au pied de la lettre et finissent aux urgences. Résultat ? Des conséquences bien réelles pour un défi totalement stupide.

Pourquoi Ces Fausses Tendances Deviennent Virales ?

Alors, comment se fait-il que ces tendances inventées de toutes pièces parviennent à devenir virales et à captiver autant de monde ? Voici quelques raisons :

La Peur de Rater Quelque Chose (FOMO) : "Je Dois Être Dans le Coup"

On a tous ce petit démon dans la tête qui nous dit qu'on ne veut surtout pas rater ce qui est en train de se passer. C'est ce qu'on appelle le **FOMO** (Fear Of Missing Out), la peur de manquer quelque chose de cool, d'important, de drôle. Les clout chasers le savent très bien et créent ces fausses tendances en jouant sur cette corde sensible. Tu vois tous tes potes faire un challenge, et même si ça te semble un peu idiot, tu te dis : "Pourquoi pas moi ?". Et bim ! Te voilà dans le piège.

L'Effet de Groupe : "Si Tout Le Monde Le Fait, C'est Que C'est Bien"

Quand une tendance commence à gagner du terrain, elle déclenche ce qu'on appelle un **effet de groupe**. Plus de gens la font, plus d'autres se sentent poussés à la suivre. C'est comme une boule de neige qui dévale la pente et grossit au fur et à mesure. Et quand tout TikTok semble s'y mettre, tu te dis que ça doit forcément valoir le coup.

Le Soutien de l'Algorithme : Les Défis à Fort Engagement Boostés sur la FYP

TikTok aime tout ce qui génère de l'engagement. Alors, quand une nouvelle tendance ou un défi fait son apparition et que tout le monde commence à l'imiter, à le commenter, à le liker, l'algorithme se dit : "Tiens, voilà quelque chose qui plaît !" et commence à le pousser sur la FYP de plus en plus de gens. Et voilà comment une tendance fabriquée peut devenir un phénomène viral en un rien de temps.

Comment Repérer les Fausses Tendances et Défis Manipulés ?

Alors, comment éviter de tomber dans le piège de ces fausses tendances et défis dangereux ? Voici quelques signes à surveiller :

Ça Sort de Nulle Part : Les Défis qui Surgissent Magiquement

Méfie-toi des tendances qui semblent surgir du néant sans explication. Si tu ne sais pas d'où ça vient, ni qui l'a lancé, c'est peut-être un signe que tout ça a été orchestré dans l'ombre pour faire du buzz.

Des Vidéos qui Montrent Toujours les Meilleures Parties... mais Jamais les Pires

Quand tu vois un défi où tout le monde a l'air de réussir avec le sourire, demande-toi ce qu'ils ne montrent pas. Les vidéos qui ne montrent que les réussites et jamais les échecs cachent peut-être quelque chose de louche. Parce que soyons honnêtes, tout le monde ne maîtrise pas les backflips dès le premier essai !

Les Créateurs qui Poussent Leurs Abonnés à Essayer... Sans Jamais S'Y Risquer Eux-Mêmes

Si un créateur pousse ses abonnés à relever un défi, mais ne le fait jamais lui-même... ça sent la manipulation à plein nez. Pourquoi te demanderait-il de le faire si lui-même ne s'y risque pas ? Hmmm, c'est suspect, non ?

Les Dangers Réels : Quand Une Fausse Tendance Vire à la Catastrophe

Les fausses tendances et défis manipulés ne sont pas seulement agaçants ou idiots, ils peuvent être réellement dangereux. Tu ne veux pas te retrouver à l'hôpital ou pire encore, tout ça pour un petit buzz éphémère.

Risques Physiques : Des Blessures Stupides aux Conséquences Sombres

Faire un défi qui consiste à sauter par-dessus des objets pointus, à manger des choses douteuses ou à courir dans une rue bondée de voitures... c'est un aller simple pour les urgences. Ces défis peuvent causer de véritables blessures, et même si ça peut faire rire sur le moment, les conséquences peuvent être sérieuses et permanentes.

Risques Mentaux : La Pression Sociale et l'Anxiété

Se sentir obligé de participer à des défis pour être "dans le coup" peut générer beaucoup de pression sociale, d'anxiété, et même une perte de confiance en soi. Participer à des défis juste pour être accepté(e) ou pour gagner des vues peut avoir un impact négatif sur ta santé mentale.

Conclusion : Amuse-Toi, Mais Garde Toujours Ton Esprit Critique en Eveil !

TikTok est un endroit génial pour s'amuser, découvrir de nouvelles choses, et relever des défis marrants. Mais n'oublie jamais que tout ce que tu vois n'est pas toujours authentique. Certaines tendances sont créées dans le but de manipuler ton attention, de te pousser à agir sans réfléchir, voire de te mettre en danger.

Alors, avant de te lancer dans le prochain défi viral, prends un moment pour réfléchir. Est-ce que ça vaut vraiment le coup ? Est-ce que c'est sain ? Et surtout, est-ce que c'est vraiment fun, ou est-ce juste un piège ?

Amuse-toi, mais garde toujours un œil critique sur ce que tu vois. Parce qu'après tout, sur TikTok comme dans la vie, mieux vaut ne pas suivre le troupeau sans se poser de questions. Garde ton esprit libre, et profite intelligemment de tout ce que la plateforme a de meilleur à offrir. ✨

Chapitre 10 : Comment Repérer et Éviter les Arnaques sur TikTok

Alors, t'as déjà vu ces vidéos de créateurs qui racontent des histoires à pleurer dans ton chocolat chaud, qui te demandent de l'aide pour une "bonne cause" ou qui te promettent des abonnés par milliers contre un petit "don" ? Oui, ces vidéos où tu sens que quelque chose cloche, mais tu ne sais pas exactement quoi... Eh bien, bienvenue dans le monde des arnaques sur TikTok !

Ce chapitre est là pour te filer quelques astuces de ninja pour repérer les arnaques, protéger tes données et éviter de te faire plumer. Parce qu'on est tous d'accord : tu es ici pour te divertir, pas pour te retrouver sans le sou à cause d'un escroc déguisé en danseur de TikTok.

Les Signes d'une Arnaque sur TikTok : Quand ça Sent le Poisson Pas Frais

Avant tout, reconnais que les arnaques sur TikTok peuvent prendre mille formes. Il y a les classiques, les créatives, et puis il y a les arnaques tellement bizarres que tu te demandes comment quelqu'un peut y croire... et pourtant, certains y croient ! Alors, comment repérer quand on essaie de t'embobiner ?

Le Profil Flou ou Suspect : Le Premier Drapeau Rouge

Si tu tombes sur un profil qui te semble bizarre, c'est souvent le premier signe d'une arnaque. Par exemple :

Pas de photo de profil, ou une photo générique (comme un coucher de soleil trop parfait).

Un pseudo qui ressemble à une erreur de frappe ou à un nom inventé par un générateur de prénoms aléatoires.

Un profil récent avec très peu de contenu, ou uniquement des vidéos d'appels aux dons ou de demandes d'argent.

Si tu vois ça, méfiance ! Un vrai créateur met du temps et de l'effort à construire son profil. Les arnaqueurs, eux, ne s'embarrassent pas de détails.

Des Histoires Qui Te Semblent Trop Émouvantes ou Trop Improbables

Si un créateur raconte une histoire qui te tire des larmes de crocodile, c'est peut-être qu'il essaie de jouer sur tes émotions pour te manipuler. Par exemple, un drame familial qui semble sorti d'un téléfilm de l'après-midi, ou une maladie rare qui nécessite un "don urgent".

Rappelle-toi : plus l'histoire est tragique, plus tu dois te méfier. Les arnaqueurs savent que l'émotion fait réagir vite, sans réfléchir. Prends du recul et demande-toi si tout ça est vraiment crédible. Parce qu'entre nous, personne ne fait un live TikTok en pleine opération à cœur ouvert, tu vois ?

Les Demandes d'Argent Directes ou Les Promesses Miraculeuses

Ah, les fameux : "Envoyez-moi 10 euros et je vous garantis 10 000 abonnés !" Si seulement c'était aussi simple... Mais désolé, ça ne l'est pas. Les arnaqueurs adorent promettre monts et merveilles en échange d'un petit virement. S'ils te demandent de l'argent directement ou par une méthode douteuse (genre PayPal entre amis, ou un virement Western Union), c'est probablement une arnaque.

Et si quelqu'un te promet des abonnés en échange d'argent, de cadeaux virtuels ou de services... méfie-toi encore plus. La croissance de ton compte ne se fait pas en claquant des doigts, et encore moins en payant un inconnu.

Le Profil Qui Passe d'un Extrême à l'Autre

Hier, ce créateur parlait de ses voyages à Bali et aujourd'hui, il est soudainement en détresse, coincé dans une situation tragique et te demande de l'aide financière. Ces changements brusques de ton et de contenu sont des signaux d'alarme. Une telle volte-face peut indiquer qu'il est en train de monter un coup pour attirer la sympathie et des dons.

Protéger Tes Données Personnelles : Ne Tombe Pas Dans Le Panneau !

Ton compte TikTok, c'est un peu comme ta maison virtuelle. Tu ne laisserais pas ta porte grande ouverte avec un panneau "Servez-vous !" alors, fais de même avec tes données.

Méfie-Toi des Demandes d'Informations Personnelles

Aucun créateur n'a besoin de connaître ton adresse, ton numéro de téléphone, ou encore ta date de naissance pour faire une collab de danse. Si quelqu'un te demande ces infos, surtout en dehors de TikTok (par exemple par mail ou sur une autre plateforme), c'est louche. Même si ça vient d'un créateur que tu penses connaître, réfléchis deux fois avant de divulguer quoi que ce soit.

Évite de Cliquer Sur Les Liens Suspicious

Des messages du type "Clique ici pour gagner un iPhone 13 !" ou "Rejoins ce groupe pour gagner 1000 abonnés en une journée" sont autant de pièges. Ces liens peuvent te mener vers des sites frauduleux qui veulent voler tes données. Alors, avant de cliquer, pense à te demander si tu veux vraiment risquer de te retrouver avec ton compte piraté.

Change Ton Mot de Passe Régulièrement

Je sais, c'est chiant de devoir retenir un nouveau mot de passe tous les deux mois, mais crois-moi, ça peut te sauver la mise. Utilise un mot de passe complexe avec une combinaison de lettres, chiffres et symboles. Et surtout, ne partage pas ce mot de passe, même avec ton meilleur ami TikTokeur qui te promet une collab épique. Parce que l'amitié, c'est bien, mais la sécurité, c'est mieux.

Ne Partage Jamais Tes Coordonnées Bancaires

Un créateur te demande tes coordonnées bancaires pour "t'envoyer de l'argent" ? STOP. Fais demi-tour tout de suite. Personne n'a besoin de ton numéro de carte ou de ton IBAN pour t'envoyer des cadeaux virtuels ou pour "récompenser ton soutien". C'est typiquement le genre de demande qui cache une arnaque. Donc, pas de panique, mais surtout, pas de données bancaires !

Éviter les Pièges Financiers : On Reste Prudent

Maintenant que tu sais repérer les signaux d'alerte, comment éviter de tomber dans un piège financier ? Voici quelques conseils pour garder ton argent là où il doit être : bien au chaud sur ton compte.

Ne Donne Jamais d'Argent Sous la Pression

Les arnaqueurs aiment mettre la pression : "Il ne reste plus que 5 minutes pour faire un don",

"Dépêchez-vous, c'est maintenant ou jamais !". Cette urgence est souvent fausse et conçue pour te faire agir sans réfléchir. Si tu sens une pression pour donner de l'argent, prends du recul. Prends le temps de réfléchir, de faire des recherches, et de voir si l'histoire tient debout.

Vérifie Les Cagnottes et Les Causes

Avant de donner à une cagnotte, assure-toi que la cause est réelle et légitime. Va voir si la personne a des preuves tangibles de sa situation, et si possible, fais des recherches sur les antécédents de la cagnotte. Il existe des plateformes fiables pour organiser des cagnottes, alors si quelqu'un te demande de lui envoyer directement de l'argent par des moyens non sécurisés, c'est déjà un drapeau rouge.

Ne Participe Pas Aux "Lives Boost" Interdits

Tu as déjà vu ces lives qui promettent de te "booster" ton compte si tu envoies des cadeaux virtuels ? Eh bien, sache que beaucoup de ces lives sont une arnaque. Ces créateurs utilisent des bots ou des méthodes douteuses pour gonfler artificiellement tes vues et tes abonnés, mais tout ça ne sert à rien à long terme. Sans parler du fait que TikTok pourrait suspendre ton compte pour violation de ses règles. Alors, reste à l'écart de ces fausses promesses.

Utilise des Applications et Sites Officiels pour les Transactions

Si tu dois absolument faire un paiement ou un don, utilise des plateformes reconnues et sécurisées. Les sites douteux, les transferts entre amis ou les applications non vérifiées sont autant de moyens pour les escrocs de te soutirer de l'argent.

L'Importance de Garder Ton Esprit Critique : Pose Toujours des Questions

En résumé, TikTok est un endroit amusant où tu peux t'exprimer, apprendre, et te divertir, mais comme partout sur Internet, il faut rester sur tes gardes. Voici quelques questions à te poser avant de tomber dans un piège :

Qui est cette personne, et est-ce que je la connais vraiment ?

Pourquoi a-t-elle besoin de mon argent, et est-ce qu'il existe d'autres moyens de vérifier son histoire ?

Est-ce que cette situation me semble logique et crédible, ou est-ce que ça ressemble à un mauvais scénario de film ?

TikTok est une plateforme incroyable, pleine de créativité et d'opportunités, mais n'oublie jamais que le monde en ligne peut être un endroit où tout le monde ne veut pas ton bien. Garde ton esprit critique éveillé, protège tes infos, et profite de TikTok sans te laisser piéger !

Alors, maintenant que tu es équipé de toutes ces astuces, retourne scroller, danser, et t'amuser... mais surtout, fais-le en toute sécurité ! Parce qu'après tout, TikTok, c'est là pour te divertir, pas pour te dépouiller. 😉

Chapitre 11 : L'Impact Psychologique sur les Utilisateurs

Alors, TikTok, c'est fun, c'est créatif, c'est divertissant... mais parfois, c'est aussi un peu comme une série Netflix qui te prend aux tripes. Sauf que cette série, tu n'as pas juste à la regarder : tu la vis. Eh oui, derrière chaque vidéo virale, chaque défi réussi, chaque drama qui éclate, il y a des **vraies** personnes avec des **vraies** émotions. Et crois-moi, tout n'est pas aussi rose que les filtres de ton FYP.

Dans ce chapitre, on va parler de quelque chose de très sérieux : **l'impact psychologique** de TikTok sur les créateurs et les spectateurs. Parce que oui, TikTok peut faire bien plus que t'inspirer à danser ou te donner envie de tester la dernière recette de mug cake. Il peut aussi te stresser, t'anxier, voire te déprimer... et ça, c'est loin d'être cool.

Effets sur la Santé Mentale des Créateurs : La Gloire à Tout Prix ?

Être créateur de contenu sur TikTok, ça peut sembler être le job de rêve : tu fais des vidéos, tu accumules des vues, des likes, des commentaires, et si tu as de la chance, tu deviens viral et tout le monde te connaît. Mais derrière cette image glamour, il y a une autre réalité beaucoup moins fun.

L'Obsession des Chiffres : Quand les Vues Devennent ta Vie

Pour beaucoup de créateurs, TikTok, c'est un peu comme un jeu vidéo : tu veux constamment battre ton score. Plus de vues, plus de likes, plus d'abonnés... Ça peut devenir une véritable obsession. Et quand les chiffres ne suivent pas, ça peut affecter gravement leur moral.

Imagine que tu passes des heures à préparer une vidéo, à monter, à choisir la musique parfaite, et que tu n'obtiens que quelques centaines de vues. La déception peut être immense. Tu te mets à douter de toi-même : "Est-ce que je suis assez bon ?", "Pourquoi ça ne marche pas pour moi ?", "Qu'est-ce que les autres ont que je n'ai pas ?". Et voilà, la spirale de la **comparaison toxique** commence...

La Course à l'Attention : Toujours Plus, Toujours Mieux

Pour rester pertinent et visible sur TikTok, certains créateurs ressentent le besoin constant de produire du contenu, d'être toujours plus créatifs, plus drôles, plus percutants. Cela crée une **pression énorme**. Ils se sentent obligés de poster tous les jours, voire plusieurs fois par jour. Et cette pression peut mener à l'épuisement, au **burnout**.

Tu sais, ce sentiment d'avoir tout donné et d'être complètement à plat ? Eh bien, pour les créateurs, c'est un peu ça, mais puissance mille. Ils sont coincés dans cette boucle sans fin de production de contenu, car s'ils disparaissent ne serait-ce qu'un moment, ils ont peur que leurs abonnés les oublient. Imagine être constamment dans une salle de spectacle, obligé de danser sans t'arrêter... Épuisant, non ?

Le Harcèlement et Les Commentaires Négatifs : Quand les Trolls S'en Mêlent

TikTok, c'est génial pour se connecter avec plein de gens. Mais malheureusement, c'est aussi un terrain de jeu pour les **trolls** et les harceleurs. Peu importe à quel point ta vidéo est incroyable, il y aura toujours quelqu'un pour te dire que tu es nul, que tu es moche, ou pire encore.

Ces commentaires négatifs, même s'ils viennent de personnes que tu ne connais pas, peuvent te blesser profondément. Ça te donne l'impression de ne jamais être assez bien, de ne jamais en faire assez. Certains créateurs finissent par **douter de leur valeur**, et peuvent même tomber dans la dépression. Imagine te lever chaque matin en te demandant quel genre de commentaire toxique tu vas recevoir aujourd'hui... Pas vraiment la vie rêvée, hein ?

Effets sur la Santé Mentale des Spectateurs : Le FOMO et l'Insta-Anxiété

Mais il n'y a pas que les créateurs qui subissent la pression de TikTok. Les spectateurs aussi peuvent ressentir des effets psychologiques pas très sympas en passant trop de temps sur la plateforme.

Le FOMO : La Peur de Manquer Quelque Chose

Ah, le FOMO, cette fameuse **peur de manquer** quelque chose. Sur TikTok, le contenu défile tellement vite qu'on a toujours l'impression que si on ne regarde pas tout, tout de suite, on va passer à côté de la prochaine grande tendance. Résultat ? On reste scotché à son écran pendant des heures, incapable de poser son téléphone. Ça te parle ?

Le problème, c'est que cette peur de rater quelque chose peut créer beaucoup d'**anxiété**. Tu te sens obligé de toujours être à jour, de savoir ce qui est tendance, de connaître les derniers dramas. Et cette pression constante finit par peser lourd sur ton moral.

L'Envie et la Comparaison : "Pourquoi Pas Moi ?"

Quand tu regardes des vidéos de gens qui réussissent, qui ont des vies parfaites, des corps parfaits, des talents incroyables, tu peux vite commencer à te comparer. Tu te dis : "Pourquoi lui/elle et pas moi ?", "Pourquoi je n'ai pas autant d'abonnés ?", "Pourquoi je ne suis pas aussi beau/belle ?".

Cette comparaison incessante peut mener à un sentiment de **dévalorisation**, voire de dépression. Tu oublies que beaucoup de choses que tu vois sur TikTok sont mises en scène, filtrées, et que personne n'a une vie aussi parfaite que ce que l'on te montre. Tu finis par croire que ta vie est moins bien, moins cool... alors qu'en réalité, chacun a ses galères, ses défauts, ses moments pas glamours du tout.

Le Harcèlement : Pas Réservé Aux Créateurs

On pense souvent que seuls les créateurs se font harceler, mais les spectateurs peuvent aussi être victimes. Tu laisses un commentaire qui ne plaît pas à quelqu'un, et tout à coup, tu te retrouves avec une armée de trolls à ta poursuite. Ou pire, quelqu'un décide de te "doxxer" (c'est-à-dire publier tes infos perso) parce que tu as osé donner ton opinion. Ça peut vite devenir très stressant et te faire regretter d'avoir interagi.

Le harcèlement en ligne peut entraîner des conséquences très graves, comme des crises d'anxiété, des insomnies, voire des idées noires. C'est un sujet qu'on ne prend jamais assez au sérieux, car il peut vraiment détruire une personne de l'intérieur.

Harcèlement, Anxiété, Dépression : Les Conséquences Réelles des Dramas en Ligne

Les **dramas en ligne** sont peut-être amusants à regarder, mais ils ont des effets très réels sur la santé mentale de ceux qui y participent – volontairement ou pas.

Le Harcèlement et Ses Dégâts

Quand un drama éclate sur TikTok, ça peut devenir très moche, très vite. Les gens prennent parti, les commentaires se déchaînent, et certaines personnes deviennent des cibles de harcèlement massif. Que tu sois créateur ou simple spectateur, tu peux vite te retrouver au cœur d'une tempête de haine, et c'est très difficile à vivre.

Le harcèlement peut mener à une **perte de confiance en soi**, une anxiété constante, une peur de s'exprimer ou de publier de nouvelles vidéos. Certains créateurs, après avoir été victimes de harcèlement intense, choisissent de quitter la plateforme pour de bon.

L'Anxiété Permanente : Quand TikTok Devient une Source de Stress

Les dramas créent une ambiance toxique, où l'anxiété règne en maître. Tu ne sais jamais quel drama va exploser, qui va se retrouver pris à partie, qui va dire quoi. Si tu es un créateur, tu peux devenir anxieux à l'idée que la prochaine vidéo que tu postes déclenche un déferlement de haine. Et même en tant que spectateur, voir ces conflits en continu peut générer une fatigue émotionnelle et du stress.

La Dépression : Le Côté Sombre de TikTok

À force de voir des vidéos qui te mettent mal à l'aise, qui te font douter de toi-même, ou qui te bombardent de drames et de conflits, tu peux tomber dans une forme de **dépression**. TikTok, au lieu d'être un espace de détente et de fun, devient un endroit où tu te sens mal, où tu ne te sens jamais assez bien, jamais à la hauteur. Les créateurs qui se mettent trop de pression finissent par se sentir épuisés, démotivés, voire déprimés. Et les spectateurs, qui se sentent bombardés de négativité, finissent par en être affectés aussi.

Comment Te Protéger et Préserver Ta Santé Mentale sur TikTok ?

Maintenant, tu te demandes sûrement : "Comment je fais pour rester sur TikTok sans me prendre tout ce poids mental dans la tronche ?" Voici quelques astuces pour garder ton esprit sain tout en profitant de la plateforme :

Fixe-toi des Limites de Temps

On le sait tous, TikTok est fait pour être addictif. Alors, mets-toi des limites. Par exemple, 30 minutes par jour max. Utilise des applications de gestion du temps ou même le minuteur de ton téléphone pour ne pas te laisser emporter.

Évite Les Dramas Comme la Peste

Si tu tombes sur un drama en cours, passe ton chemin. Regarder ou participer à des conflits en ligne peut être tentant, mais ça ne te fera que du mal. Plus tu les regardes, plus tu te sens impliqué, et plus tu es susceptible de te faire aspirer dans une spirale négative.

Protège-Toi des Commentaires Négatifs

Si tu es créateur, n'hésite pas à filtrer les commentaires, bloquer les trolls et ne pas lire tout ce qui est écrit. Ta santé mentale vaut bien plus que l'avis d'un anonyme caché derrière son écran.

Parle de Ce Que Tu Ressens

Si tu te sens mal à l'aise, anxieux, ou déprimé à cause de ce que tu vois sur TikTok, parle-en. Que ce soit à des amis, à ta famille, ou même à un professionnel, mettre des mots sur tes émotions peut aider à alléger le fardeau.

Souviens-Toi que Tout n'est Pas Réel

N'oublie jamais que beaucoup de choses sur TikTok sont scénarisées, montées, et filtrées pour paraître parfaites. La vraie vie est bien plus complexe, et personne ne vit la vie parfaite que tu vois sur ton écran.

Conclusion : Amuse-Toi, Mais Prends Soin de Toi

TikTok, c'est un endroit magique pour s'amuser, se détendre, et s'exprimer. Mais n'oublie jamais de prendre soin de toi d'abord. Écoute-toi, prends des pauses quand tu en as besoin, et souviens-toi que ta santé mentale est bien plus précieuse que n'importe quelle vue ou like. Prends du recul, respire, et profite de TikTok sans te laisser happer par sa face sombre. Parce qu'au fond, tu es ici pour t'amuser, pas pour te faire du mal. 💥

Chapitre 12 : L'Impact sur la Confiance et la Cohésion de la Communauté

TikTok, c'est un peu comme une grande fête de quartier où tout le monde se retrouve pour danser, rigoler, et partager des moments fun. Mais imagine que, tout d'un coup, tu réalises que certains invités volent des affaires dans les vestiaires pendant que d'autres répandent des rumeurs sur qui a volé la recette de guacamole de qui. Eh bien, c'est exactement ce qui se passe quand les **arnaques** et les **dramas** s'invitent sur TikTok. Ça fout un peu la pagaille, non ?

Dans ce chapitre, on va parler de comment toutes ces magouilles en ligne finissent par créer une **méfiance généralisée** au sein de la communauté TikTok et divisent les utilisateurs. Parce que oui, à force de voir des coups bas, des escroqueries et des conflits à tout-va, on commence à se méfier de tout le monde, et ça, ça fait des dégâts.

Quand La Méfiance S'installe : Le Prix de l'Inauthenticité

Les arnaques et les dramas sur TikTok ne font pas seulement du mal aux victimes directes ; ils laissent une marque sur l'ensemble de la communauté. Tu vois, TikTok repose sur un principe simple : le **fun** et l'**authenticité**. Les gens viennent ici pour rire, s'inspirer, découvrir de nouveaux talents, et se connecter avec des personnes du monde entier. Mais quand des créateurs malintentionnés commencent à utiliser la plateforme pour manipuler, tromper, ou escroquer, la confiance prend un coup.

La Méfiance Généralisée : Tout le Monde Devient Suspect

Quand les arnaques commencent à se multiplier, les utilisateurs finissent par se méfier de tout le monde. "Et si ce créateur que je suis adorait depuis des mois me mentait aussi ?" "Et si cette histoire déchirante n'était qu'une nouvelle arnaque pour soutirer de l'argent ?" Ce genre de pensée commence à se répandre, et tout le monde devient suspect.

Tu finis par te demander si chaque live est un piège à dons déguisé, si chaque tendance n'est qu'une manipulation de plus. Résultat ? Les utilisateurs deviennent plus réticents à interagir, à s'engager, à soutenir financièrement ou émotionnellement. La **confiance** s'effondre, et avec elle, tout ce qui rend TikTok si spécial : ce sentiment de communauté et de connexion.

Les Amis Virtuels Deviennent des Ennemis Potentiels

TikTok, c'est un lieu où beaucoup d'amitiés se créent. Mais quand les arnaques et les dramas deviennent monnaie courante, même les relations les plus solides peuvent commencer à se fissurer. "Est-ce que mon ami(e) TikTokeur(euse) est vraiment sincère ? Ou est-ce qu'il/elle essaie juste de me manipuler pour obtenir des abonnés ?"

Tout ça mène à un climat de suspicion, où les utilisateurs deviennent de plus en plus méfiants les uns envers les autres. Ce qui était une belle amitié virtuelle peut vite se transformer en une relation pleine de doutes et de craintes. On se regarde tous en coin, un peu comme des voisins qui ne se font plus confiance à cause d'une dispute sur une haie de jardin. Pas très cool, non ?

Le Syndrome du "Fake" : Rien n'Est Vraiment Réel

Quand les dramas et les arnaques se multiplient, on en vient à penser que rien n'est authentique sur TikTok. Chaque vidéo devient suspecte : est-ce que cette danse est vraiment originale ? Est-ce que cette histoire triste est vraie, ou est-ce un coup monté pour faire pleurer dans les chaumières ?

Ce **syndrome du fake** fait que les utilisateurs ne savent plus à quoi se fier. On se demande si tout le monde joue un rôle, si tout est scénarisé. Cette perte d'authenticité tue petit à petit l'esprit de la plateforme, et beaucoup de gens finissent par décrocher. Parce qu'après tout, qui veut passer son temps à jouer à "Détective des fakes" sur son appli préférée ?

La Division de la Communauté : Quand TikTok Devient une Arène de Conflits

En plus de créer une méfiance généralisée, les arnaques et les dramas divisent la communauté TikTok en **camps** opposés. Ça devient un peu comme un match de foot où chaque camp est persuadé d'avoir raison et est prêt à en découdre.

La Formation de Clans : Team X contre Team Y

Les dramas, surtout ceux qui impliquent des créateurs populaires, finissent par polariser la communauté. Tu as la **Team Julia** et la **Team Vince**, la **Team "Je Suis Pour"** et la **Team "Je Suis Contre"**. Chacun prend parti, défend son créateur préféré bec et ongles, et la section des commentaires devient une zone de guerre.

On se retrouve vite avec des **clans** qui s'affrontent, qui se bloquent, qui s'insultent, qui menacent… bref, ce n'est plus une communauté, mais une arène de combats. Et quand tout le monde est occupé à se battre, l'esprit de fun et de partage disparaît. Les utilisateurs ne viennent plus pour s'amuser, mais pour en découdre, pour prouver qu'ils ont raison.

Les Effets sur l'Engagement Global : Le Grand Froid de la Communauté

Quand une communauté est divisée, **l'engagement global** en prend un coup. Les utilisateurs ne se sentent plus en sécurité, ils ont peur de se faire attaquer pour un simple commentaire, et ils deviennent moins enclins à interagir. Les likes, les commentaires, les partages diminuent, parce que personne ne veut risquer de se retrouver pris au milieu d'un nouveau conflit.

Imagine que tu es dans une fête où tout le monde se dispute. Pas super agréable, n'est-ce pas ? Tu risques de partir assez vite. C'est exactement ce qui se passe sur TikTok quand les dramas et les arnaques prennent le dessus. Les gens finissent par désengager, par partir, par chercher des plateformes où ils se sentent mieux accueillis.

Le "Shaming" et Les Tribunaux de TikTok : Jugement Public Permanent

Une autre conséquence de cette division, c'est l'apparition des **"tribunaux de TikTok"**, où chaque utilisateur devient juge, jury, et bourreau. On voit apparaître des vidéos de "call-out" (appel à dénoncer), où certains créateurs pointent du doigt d'autres créateurs pour leurs erreurs, leurs comportements douteux, voire leurs choix personnels.

Ce jugement permanent crée une atmosphère où chacun a peur de faire un faux pas. On ne sait jamais qui va être la prochaine cible, qui va se retrouver exposé et humilié devant des milliers de spectateurs. Et cette peur paralyse. Les utilisateurs deviennent de plus en plus silencieux, de moins en moins enclins à exprimer leur opinion, de peur de se faire lyncher virtuellement.

Comment Recréer de la Confiance et de la Cohésion : Le Challenge d'une Communauté Éclatée

Alors, comment faire pour que TikTok retrouve sa bonne ambiance, son fun, et son esprit communautaire ? Heureusement, tout n'est pas perdu. Voici quelques pistes pour recréer de la confiance et de la cohésion au sein de la plateforme.

Encourager l'Authenticité et la Transparence

Les créateurs ont un rôle clé à jouer. Ils doivent s'engager à être authentiques, transparents, et honnêtes avec leur audience. Pas de fausses histoires, pas de manipulations. En montrant leur vrai visage, en partageant des moments authentiques, ils peuvent recréer un lien de confiance avec leurs abonnés.

Les spectateurs, eux, doivent aussi apprendre à valoriser l'authenticité. Encourager les créateurs qui sont vrais, qui ne cherchent pas le drama ou l'arnaque. Parce que c'est en valorisant ce qui est réel qu'on pourra redonner à TikTok son esprit de partage.

Promouvoir La Bienveillance : #KindTok

On voit parfois apparaître le hashtag **#KindTok**, pour promouvoir des contenus bienveillants, positifs, et inspirants. C'est une excellente idée. Créer des espaces où les utilisateurs se sentent en sécurité, où ils savent qu'ils ne seront pas jugés ou attaqués. Un peu comme un havre de paix dans une tempête de dramas.

Les créateurs et les spectateurs peuvent encourager ce type de contenu, en likant, en commentant, et en partageant des vidéos positives. Plus il y aura de contenus bienveillants, plus TikTok redeviendra un lieu où il fait bon se connecter.

Dénormaliser Les Comportements Toxiques

Il est essentiel que la communauté TikTok apprenne à dire **non** aux comportements toxiques. Pas d'encouragement aux dramas inutiles, pas de soutien aux arnaqueurs, pas de tolérance pour le harcèlement ou les menaces. Quand on voit un comportement toxique, on peut le signaler, l'ignorer, et ne surtout pas l'alimenter.

La modération de TikTok a aussi un rôle à jouer en étant plus proactive pour bannir les comportements nuisibles et protéger les utilisateurs. Une communauté saine, c'est une communauté qui sait poser des limites claires et les faire respecter.

Conclusion : Ensemble, Pour Une Meilleure Communauté TikTok

TikTok est une plateforme incroyable, avec un potentiel énorme pour connecter les gens, partager des moments, et découvrir des talents. Mais pour que ça reste un espace sûr et fun, il faut que chacun y mette du sien. Encourageons la confiance, dénonçons les arnaques, soyons authentiques, et rappelons-nous pourquoi on est là au départ : pour s'amuser et s'inspirer.

Parce qu'en fin de compte, TikTok, c'est notre fête de quartier à tous. Et pour que la fête continue, il faut qu'on reste ensemble, qu'on se respecte, et qu'on fasse en sorte que tout le monde se sente bienvenu et en sécurité. Parce qu'au fond, personne n'a envie de voir la soirée se terminer parce que quelques-uns ont décidé de jouer les trouble-fêtes. 🫠

Chapitre 13 : Les Conséquences Juridiques et Légales

Tu pensais que TikTok, c'était juste du fun, des danses, et des challenges marrants ? Eh bien, détrompe-toi ! Derrière les filtres et les vidéos virales, il y a aussi... le code pénal. Oui, tu as bien lu. Parce que quand les dramas dégénèrent, quand les arnaques se multiplient et que les données personnelles se baladent comme des flyers en pleine rue, la justice n'est jamais très loin.

Dans ce chapitre, on va parler de ce que beaucoup de créateurs préfèrent ignorer : les **conséquences juridiques et légales** de leurs actions sur TikTok. Car oui, poster des vidéos, c'est cool, mais mieux vaut savoir ce qu'on risque si on dépasse les bornes.

Les Lois Qui Régissent Le Monde de TikTok : Ce Que Tu Dois Savoir

Sur TikTok, tout semble permis... mais en réalité, il y a des règles, et pas seulement celles de l'algorithme. Voici un petit aperçu des lois qui pourraient bien te tomber dessus si tu joues avec le feu.

La Diffamation : Quand Tu Parles Un Peu Trop Fort

La diffamation, c'est quand tu dis ou écris quelque chose qui porte atteinte à la réputation de quelqu'un. Imagine que tu postes une vidéo où tu accuses ton voisin TikTokeur d'être un voleur de tendances ou un tricheur invétéré, sans aucune preuve concrète. Eh bien, ça peut très vite te retomber dessus ! La diffamation, c'est puni par la loi, même sur TikTok.

Ce que dit la loi : Dans beaucoup de pays, la diffamation est passible de sanctions civiles, voire pénales. Aux États-Unis, par exemple, tu pourrais devoir payer des dommages et intérêts. En France, tu pourrais être condamné à une amende, voire à une peine de prison avec sursis si c'est particulièrement grave.

Exemple célèbre : Il y a eu ce cas d'une créatrice qui avait accusé une autre d'avoir volé son idée de contenu. Résultat : procès pour diffamation, et elle a dû payer des milliers d'euros de dommages. Donc, avant de t'enflammer dans les commentaires ou les vidéos, réfléchis bien !

La Fraude en Ligne : Quand Tes Escroqueries Te Rattrapent

TikTok regorge de défis, de jeux, et de concours... mais attention, tous ne sont pas innocents. Quand quelqu'un monte une fausse cagnotte pour une "bonne cause" ou se fait passer pour une victime pour récolter des dons, on parle de **fraude**. Et ça, la justice n'aime pas du tout.

Ce que dit la loi : La fraude en ligne est sévèrement punie dans la plupart des pays. En France, par exemple, tu risques jusqu'à 5 ans de prison et 375 000 euros d'amende pour une escroquerie en ligne. Aux États-Unis, c'est pareil : la fraude électronique peut te valoir de lourdes amendes et plusieurs années derrière les barreaux.

Exemple célèbre : Tu te rappelles cette influenceuse qui avait inventé une fausse maladie pour récolter des fonds ? Elle a fini par être traînée devant les tribunaux, et elle a dû rembourser toutes les sommes perçues, en plus de payer une amende pour escroquerie. Bref, jouer sur la corde sensible peut te coûter cher... très cher.

La Protection des Données : Ne T'amuse Pas avec Les Infos Personnelles

Partager des vidéos, c'est fun. Mais partager des données personnelles sans autorisation, c'est illégal. Si tu publies des informations privées sur quelqu'un – son adresse, son numéro de téléphone, ou même des messages privés – sans son consentement, tu violes les lois sur la **protection des données**. Et ce n'est pas rien.

Ce que dit la loi : En Europe, le RGPD (Règlement Général sur la Protection des Données) encadre très strictement l'utilisation des données personnelles. Les amendes peuvent aller jusqu'à 20 millions d'euros ou 4 % du chiffre d'affaires annuel mondial de l'entreprise (le plus élevé des deux). Aux États-Unis, le California Consumer Privacy Act (CCPA) impose également des restrictions strictes sur la collecte et l'utilisation des données.

Exemple célèbre : Une TikTokeuse a été poursuivie pour avoir partagé des captures d'écran de conversations privées sans le consentement de l'autre partie. Elle a dû retirer toutes les vidéos, s'excuser publiquement, et payer une lourde amende. La morale de l'histoire ? Ce qui est privé doit le rester.

Exemples de Cas Juridiques Célèbres Liés à des Dramas et Arnaques

Pour te montrer que tout ça, ce n'est pas juste des menaces en l'air, voici quelques cas célèbres de créateurs qui ont franchi la ligne rouge... et qui l'ont payé très cher.

Le Drame de La Chanson Volée : Une Bataille de Copyright Épique

Tout a commencé quand un créateur de TikTok a utilisé une chanson dans sa vidéo sans demander l'autorisation de l'artiste. La vidéo est devenue virale, et tout le monde pensait que la chanson était une création originale du TikTokeur. Le véritable artiste, furieux, a décidé de poursuivre pour **violation de copyright**.

Le résultat ? Une bataille juridique épique. Le créateur de TikTok a perdu et a dû payer des milliers de dollars en dommages et intérêts. Le message est clair : même si TikTok est un terrain de jeu, les règles du jeu incluent le respect des droits d'auteur.

L'Influenceuse au Cœur de la Tempête : Une Fausse Levée de Fonds Exposée

Un autre cas célèbre implique une influenceuse qui a créé une fausse cagnotte pour une "association caritative". Elle a réussi à récolter des milliers d'euros, mais au lieu de les reverser à la cause qu'elle prétendait soutenir, elle s'est offert une petite virée shopping.

Évidemment, les donateurs n'étaient pas ravis en découvrant la vérité. Ils ont porté plainte, et l'influenceuse a été poursuivie pour **fraude**. Elle a fini par être condamnée à rembourser l'argent et à payer une amende conséquente. Voilà pourquoi, sur TikTok comme ailleurs, l'honnêteté reste la meilleure politique.

Le Harcèlement Organisé : Quand Un Drama Dégénère

Dans un autre cas, un groupe de créateurs a décidé de lancer une "campagne" contre un autre utilisateur, l'accusant de tout et n'importe quoi, de manière répétée, dans leurs vidéos. Cela a conduit à des vagues de haine et de harcèlement de masse contre la personne ciblée.

Ce créateur harcelé a porté plainte pour **harcèlement en ligne** et **atteinte à la vie privée**. Les tribunaux ont tranché en sa faveur, et les créateurs incriminés ont dû non seulement retirer toutes leurs vidéos, mais aussi verser des dommages pour préjudice moral. Moralité ? Sur TikTok, comme ailleurs, on ne joue pas avec la vie des gens pour le buzz.

Les Risques Réels : Quand TikTok Peut te Mener au Tribunal

Si tu penses que tout cela ne concerne que les grands créateurs ou les influenceurs les plus en vue, détrompe-toi. Même les utilisateurs "lambda" peuvent se retrouver dans de beaux draps si leurs actions dépassent les limites de la loi.

Le Cas des Vidéos Dégradantes ou Discriminatoires

Tu penses qu'une vidéo "drôle" qui se moque de quelqu'un à cause de son apparence, de son orientation sexuelle, ou de sa religion est innocente ? Pas vraiment. Ces vidéos peuvent être considérées comme de la **discrimination** ou de l'**incitation à la haine**, et dans beaucoup de pays, c'est très sévèrement puni par la loi.

Imagine te retrouver face à une plainte judiciaire pour une vidéo que tu pensais être une simple blague... Pas très drôle, finalement.

Les Ventes et Publicités Non Déclarées : Quand TikTok Devient une Boutique Illégale

Si tu vends des produits ou fais de la publicité sans respecter les règles (comme ne pas déclarer les partenariats payants ou les cadeaux sponsorisés), tu peux aussi avoir des problèmes avec la justice. De nombreux pays ont des lois sur la transparence publicitaire, et TikTok n'échappe pas à ces règles.

Exemple : Une influenceuse a été condamnée pour ne pas avoir déclaré qu'elle était payée pour promouvoir un produit dans ses vidéos. Elle a dû payer une amende et a vu sa réputation en prendre un coup sévère.

Comment Rester Du Bon Côté de la Loi Sur TikTok ?

Pour éviter les ennuis, voici quelques conseils :

Toujours Vérifier Tes Sources et Tes Faits

Avant de partager une accusation, de poster une vidéo de drama, ou de dénoncer quelqu'un, vérifie tes infos. Si tu diffames quelqu'un sans preuve, ça pourrait te coûter très cher.

Respecte la Propriété Intellectuelle

Tu veux utiliser une chanson, une danse, ou une idée ? Assure-toi d'avoir la permission ou que ce soit libre de droits. Respecter le travail des autres, c'est essentiel, même sur TikTok.

Ne Participe Pas à des Escroqueries ou des Fraudes

Si quelqu'un te propose une collab douteuse, de participer à une cagnotte suspecte, ou de lancer un défi "boost" interdit, dis non. Mieux vaut être prudent que désolé... ou en prison.

Protéger Tes Données et Celles des Autres

Ne partage jamais d'informations personnelles sans consentement. Respecte la vie privée des autres comme tu aimerais qu'on respecte la tienne.

Conclusion : TikTok, C'est du Fun... Mais Attention aux Dérapages !

TikTok, c'est un terrain de jeu incroyable, mais comme tous les jeux, il y a des règles à respecter. Connaître les lois et les limites, c'est essentiel pour profiter de la plateforme en toute sécurité. Alors, amuse-toi, crée, partage... mais garde en tête que la justice, elle, ne prend pas de vacances, même sur TikTok. 😉

Et maintenant, continue à t'éclater, mais avec la conscience tranquille et les pieds sur Terre, parce que, crois-moi, tu n'as pas envie de devenir le prochain exemple cité dans un chapitre sur les conséquences juridiques et légales ! 🔔

Chapitre 14 : Témoignages Anonymes de Victimes

Ah, TikTok... là où les rêves deviennent réalité, mais aussi là où les cauchemars peuvent frapper à tout moment. Derrière les danses, les défis et les vidéos pleines de paillettes, il y a aussi des histoires de vraies personnes qui ont été blessées, trompées ou qui ont vu leur vie chamboulée à cause d'arnaques ou de dramas.

Dans ce chapitre, on va donner la parole à ces victimes anonymes, celles qui ont vécu le côté obscur de TikTok. Parce que, oui, même si TikTok est souvent un lieu de fun et de créativité, il peut aussi être un terrain miné où chaque faux pas peut avoir de lourdes conséquences. Et quoi de mieux pour comprendre cela que d'écouter ceux qui l'ont vécu ?

Témoignage 1 : Marie, La Reine Déchue du Live Boost

Marie, c'était la pro des **lives boost**. Tu sais, ces fameux lives où on te promet des abonnés à gogo contre quelques cadeaux virtuels. Elle en avait fait sa spécialité : chaque soir, elle rejoignait des lives boost en masse, envoyait des cadeaux, et en retour, voyait ses abonnés grimper en flèche. Tout allait bien dans le meilleur des mondes... jusqu'à ce que tout bascule.

"Un soir, raconte Marie, j'ai participé à un live boost où l'hôte promettait un 'super boost VIP' pour ceux qui enverraient des cadeaux d'une certaine valeur. J'ai suivi le mouvement, j'ai envoyé pour près de 200 euros de cadeaux virtuels. Je pensais que j'allais exploser mes stats d'abonnés. Mais voilà, rien. Nada. Le créateur a coupé son live, disparu de TikTok, et je me suis retrouvée avec un compte à découvert et une grosse dose de honte."

Marie a essayé de contacter TikTok, mais on lui a expliqué que les cadeaux virtuels étaient non remboursables et que TikTok ne pouvait pas être tenu responsable des agissements des créateurs. "Ça m'a vraiment fait mal, pas juste financièrement, mais aussi moralement. J'ai eu l'impression d'avoir été manipulée, d'avoir été trop naïve. Depuis, j'ai arrêté de participer à ce genre de lives. J'ai compris que rien n'est gratuit et que sur TikTok comme ailleurs, il faut rester méfiant."

Témoignage 2 : Lucas, Victime d'une Cagnotte Bidon

Lucas est un jeune étudiant qui, un jour, est tombé sur une vidéo d'un créateur qu'il suivait depuis longtemps. Dans cette vidéo, le créateur, les larmes aux yeux, parlait de son chien qui venait de tomber gravement malade et nécessitait une opération coûteuse. "J'adore les animaux, confie Lucas. Et ce créateur avait l'air sincèrement affecté. Il disait qu'il ne pouvait pas se permettre de payer l'opération seul et demandait de l'aide à sa communauté."

Lucas n'a pas hésité une seconde. Il a donné 50 euros à la cagnotte. Mais quelques jours plus tard, un autre utilisateur a révélé que tout était faux : le créateur n'avait même pas de chien. La vidéo avait été montée de toutes pièces pour soutirer de l'argent à ses abonnés.

"J'étais furieux, raconte Lucas. Pas seulement à cause de l'argent, mais parce que je me suis senti trahi. Ce créateur m'avait l'air tellement sincère ! Ça m'a fait perdre confiance en tout ce que je voyais sur TikTok. Maintenant, je ne donne plus jamais d'argent en ligne sans vérifier chaque détail. Et franchement, ça m'a appris que même les plus gentils peuvent être les plus manipulateurs."

Témoignage 3 : Amélie, L'Accusée Injustement

Amélie est une danseuse passionnée qui poste régulièrement des vidéos de ses chorégraphies sur TikTok. Un jour, un autre créateur a posté une vidéo en l'accusant de lui avoir volé sa danse et a lancé un drama monumental en la taguant dans des centaines de vidéos. Les abonnés du créateur ont pris d'assaut son profil, l'accusant de plagiat et la harcelant avec des commentaires haineux.

"C'était un enfer, se souvient Amélie. Je recevais des messages horribles, des menaces même. Des gens que je ne connaissais même pas m'insultaient, tout ça à cause d'une accusation totalement fausse. Je n'avais jamais vu cette danse avant, et encore moins ce créateur."

Amélie a essayé de répondre calmement, de prouver qu'elle n'avait rien volé, mais les dégâts étaient faits. Son compte a pris un gros coup, elle a perdu des centaines d'abonnés, et elle a même dû prendre une pause de TikTok pendant plusieurs semaines pour protéger sa santé mentale.

"J'ai appris une leçon importante : sur TikTok, il faut toujours être prêt à se défendre. Mais j'ai aussi compris que les dramas peuvent éclater sans prévenir, et qu'il vaut mieux rester calme et chercher des solutions plutôt que de se lancer dans une guerre de commentaires. C'est dur, mais tu ne peux pas contrôler ce que les autres font ou disent."

Témoignage 4 : Thomas, Piégé par le Clout Chasing

Thomas est un créateur qui avait une petite communauté sympathique, jusqu'à ce qu'il se retrouve embarqué dans un drama de clout chasing. "Un jour, une créatrice que je ne connaissais même pas a commencé à dire que j'avais volé son contenu. Elle a monté une véritable campagne contre moi, avec des hashtags et tout, pour que je sois banni de la plateforme."

Thomas, qui n'avait jamais eu de problème avant, a été pris de court. "Je ne comprenais même pas ce qui se passait. Tout ce que je savais, c'est que je me retrouvais sous un flot de commentaires agressifs et de vidéos de dénonciation. J'ai appris après coup qu'elle avait inventé tout ça pour attirer de l'attention et booster son nombre d'abonnés."

Résultat ? Thomas a passé des jours à essayer de prouver son innocence, à répondre aux commentaires, à gérer le stress. "Ça m'a vraiment affecté. J'ai même pensé à quitter TikTok, parce que je me suis dit que si quelqu'un pouvait m'attaquer sans raison, alors personne n'était en sécurité."

Mais Thomas a décidé de rester, avec une approche différente. "Je suis devenu plus prudent. Je surveille davantage ce qui se passe, je garde mes vidéos originales protégées, et je n'hésite pas à signaler tout comportement abusif. Mais ça a été un vrai coup dur, parce que ça m'a montré à quel point tout peut basculer rapidement sur cette plateforme."

Témoignage 5 : Clara, Victime de Harcèlement Suite à un Drama

Clara adorait TikTok, où elle partageait ses astuces de maquillage et ses coups de cœur. Un jour, elle a posté une vidéo pour exprimer son opinion sur une tendance beauté qu'elle trouvait exagérée. Ce qu'elle n'avait pas prévu, c'est que cette vidéo déclenche un **drama** monumental. D'autres créateurs, en désaccord avec elle, ont commencé à la taguer dans des vidéos-réponses agressives.

"Ça a dégénéré très vite, se souvient Clara. J'ai commencé à recevoir des centaines de messages par jour, certains de soutien, mais la plupart de haine. Des gens me disaient de quitter TikTok, de me taire, de disparaître. J'ai même eu des menaces. Je me sentais piégée, et ça m'a vraiment dévastée."

Clara a essayé de rester forte, mais l'intensité des attaques a eu un impact sur sa santé mentale. "Je ne pouvais plus dormir, j'étais constamment anxieuse. Je me suis rendu compte que je ne voulais plus ouvrir TikTok. Ce qui était un espace fun et positif pour moi était devenu un cauchemar."

Après quelques semaines, Clara a décidé de désactiver son compte pendant un temps et de se recentrer sur elle-même. "Aujourd'hui, je suis revenue, mais je suis plus prudente. J'ai appris que TikTok peut être un espace super sympa, mais aussi très dangereux quand les choses dérapent. J'essaie de ne plus réagir aux provocations et de rester sur ce qui me rend heureuse, sans m'impliquer dans des conflits inutiles."

Les Leçons Apprises par Les Victimes : Ce Que Tu Dois Retenir

Tous ces témoignages ont une chose en commun : ils montrent à quel point TikTok peut être un endroit où l'on prend des risques, même quand on pense simplement s'amuser ou partager sa passion. Voici quelques-unes des leçons que ces victimes ont apprises et qu'elles aimeraient partager avec toi :

Toujours Vérifier Avant de Donner ou de S'engager

Que ce soit pour une cagnotte, un live boost, ou un appel à l'aide, ne te précipite jamais. Fais des recherches, vérifie les antécédents du créateur, et ne donne jamais d'argent sans être sûr à 100 % de la légitimité de la demande.

Reste Calme Face aux Dramas

Si tu es pris dans un drama, ne réagis pas impulsivement. Respire, réfléchis à une stratégie, et essaie de régler la situation calmement. Les guerres de commentaires ne font qu'envenimer les choses.

Protéger Tes Données et Ton Contenu

N'oublie jamais que tout ce que tu postes sur TikTok peut être utilisé contre toi. Protège ton contenu, ne partage pas d'informations personnelles, et sois toujours conscient des risques.

Priorise Ta Santé Mentale

Si TikTok devient trop lourd pour toi, n'hésite pas à prendre une pause. Ta santé mentale est plus importante que n'importe quelle vidéo ou tendance. Parle de ce que tu ressens, prends du recul, et reviens seulement quand tu te sens prêt.

Encourage la Bienveillance et L'Authenticité

Sois le changement que tu veux voir sur TikTok. Encourage les contenus positifs, bienveillants, et authentiques. Signale les comportements abusifs, et montre l'exemple en étant toi-même un utilisateur respectueux et empathique.

Conclusion : TikTok, un Lieu de Partage... Mais Aussi de Vigilance

TikTok est une plateforme pleine de potentiel, mais elle n'est pas sans risques. En écoutant ces témoignages, on comprend mieux à quel point il est important de rester vigilant, de se protéger, et de toujours penser à sa santé mentale. Rappelle-toi que derrière chaque écran, il y a une personne avec des émotions, des sentiments, et une vie réelle. Alors, utilise TikTok pour ce qu'il est : un espace de fun, de créativité, et de connexion... mais fais-le en toute conscience. 💥

Chapitre 15 : Le Rôle des Plateformes : Quelle Responsabilité pour TikTok ?

OK, on adore TikTok. On y passe des heures à scroller, à liker, à danser (ou du moins, à essayer), et à découvrir des tendances qui vont du génial au totalement what the fuck. Mais au-delà des filtres, des défis viraux et des dramas en tout genre, il y a une question qui reste : **Quelle est la responsabilité de TikTok dans tout ça ?** Quand les contenus problématiques envahissent la plateforme, qui doit faire le ménage ?

Ce chapitre, c'est un peu comme un courrier recommandé adressé à TikTok. Parce qu'il est temps de se demander si la plateforme en fait assez pour protéger ses utilisateurs et pour éviter que les arnaques, les dramas toxiques, et les contenus problématiques ne transforment notre terrain de jeu favori en champ de mines.

La Responsabilité de TikTok : Gendarme ou Simple Spectateur ?

Commençons par le commencement. TikTok, comme toutes les grandes plateformes de réseaux sociaux, a une **responsabilité**. C'est un peu comme le rôle du DJ à une soirée : il est là pour mettre l'ambiance, mais aussi pour éviter que tout le monde se batte sur le dancefloor ou que quelqu'un fasse passer une playlist de musique classique en plein milieu de la soirée.

Modérer les Contenus Problématiques : Un Travail d'Hercule

La première responsabilité de TikTok, c'est de modérer les contenus. Les vidéos qui incitent à la haine, qui harcèlent, qui répandent des fake news ou qui lancent des arnaques doivent être identifiées et supprimées rapidement. TikTok utilise pour cela une combinaison d'**intelligence artificielle** et d'**équipes humaines** qui scannent les vidéos 24h/24. Mais est-ce suffisant ?

Parfois, on dirait qu'il y a des trous dans le filet. Des contenus problématiques passent encore à travers les mailles, et ce n'est pas toujours clair comment TikTok décide de ce qui est acceptable ou non. Tu peux te retrouver avec une vidéo supprimée parce que tu as utilisé une musique sous copyright, mais voir des vidéos de harcèlement rester en ligne pendant des jours. Donc, la question est : **TikTok fait-il vraiment assez ?**

La Transparence des Règles : Un Labyrinthe de Guidelines

TikTok a des **règles communautaires** qui expliquent ce qui est permis ou interdit sur la plateforme. Mais soyons honnêtes : qui a déjà vraiment lu ces règles en entier ? Elles sont souvent écrites dans un jargon juridique incompréhensible, et même si tu t'y risques, tu finis par te demander : "OK, mais est-ce que je peux encore poster une vidéo de danse en pyjama ?"

La réalité, c'est que TikTok doit faire un meilleur travail pour rendre ses règles claires et accessibles. Pas seulement des lignes de texte perdues dans les paramètres, mais peut-être sous forme de vidéos explicatives, avec des exemples concrets. Parce que si personne ne comprend vraiment les règles, comment peut-on espérer que tout le monde les respecte ?

Protéger les Utilisateurs Vulnérables : Une Nécessité

TikTok est plein de jeunes créateurs, souvent très jeunes. Et quand tu es ado, tu ne penses pas toujours aux conséquences de ce que tu postes ou de ce que tu dis. TikTok a donc une **responsabilité particulière** de protéger ces utilisateurs vulnérables contre le harcèlement, les prédateurs en ligne, et les contenus inappropriés.

Pour ça, TikTok a mis en place des mesures comme la **limitation d'âge** pour s'inscrire, des options de **compte privé** par défaut pour les mineurs, et des outils de **filtrage de commentaires**. Mais même avec ça, il y a des failles. Beaucoup d'utilisateurs parviennent à contourner ces restrictions, et on continue de voir des cas de harcèlement qui ciblent des jeunes. Alors, la question se pose : est-ce que TikTok en fait vraiment assez pour protéger ses utilisateurs les plus vulnérables ?

Les Actions Entreprises par TikTok et Autres Plateformes pour Limiter les Abus

OK, il faut aussi reconnaître que TikTok ne reste pas les bras croisés face aux problèmes. La plateforme a déjà pris des **mesures importantes** pour tenter de limiter les abus et rendre l'expérience plus sécurisée pour tout le monde.

Les Modérateurs Humains et l'IA : La Combinaison Gagnante ?

TikTok emploie des **milliers de modérateurs** à travers le monde pour examiner les contenus signalés et veiller à ce qu'ils respectent les règles communautaires. Ces modérateurs travaillent avec des **algorithmes d'intelligence artificielle** qui repèrent les vidéos potentiellement problématiques en fonction de mots-clés, d'images ou de comportements.

Mais ces algorithmes ne sont pas parfaits. Parfois, ils font des erreurs (supprimant des vidéos innocentes ou laissant passer des vidéos dangereuses), et les modérateurs humains doivent intervenir pour corriger le tir. C'est un processus complexe, et même si TikTok investit beaucoup dans ces technologies, il y a toujours une marge d'erreur.

Les Mises à Jour Régulières des Règles Communautaires

TikTok essaie de s'adapter rapidement aux nouvelles tendances et aux nouveaux défis en modifiant ses **règles communautaires** régulièrement. Par exemple, avec l'explosion des vidéos de désinformation pendant la pandémie, TikTok a renforcé ses politiques contre les fake news et a collaboré avec des organisations de santé pour supprimer les contenus dangereux.

La plateforme a également banni les vidéos de "challenges" dangereux, qui pourraient mettre la santé ou la vie des utilisateurs en danger. Mais encore une fois, tout repose sur la capacité de TikTok à identifier et à supprimer ces vidéos rapidement, avant qu'elles ne deviennent virales.

Des Fonctionnalités pour Encourager la Bienveillance

TikTok a aussi lancé plusieurs initiatives pour **encourager un comportement positif**. Par exemple, il existe une fonction de **filtrage automatique des commentaires** pour éviter les insultes et les propos haineux. TikTok a aussi introduit des notifications qui te demandent si tu es sûr de vouloir publier un commentaire potentiellement offensant.

Le but, c'est d'inciter à réfléchir deux fois avant de poster quelque chose de négatif ou de blessant. Et mine de rien, ça marche plutôt bien. Mais il reste encore beaucoup de chemin à parcourir pour que la plateforme devienne un espace 100 % bienveillant.

Partenariats avec des Organisations de Protection

TikTok collabore avec plusieurs **organisations de protection des droits humains, des enfants, et de la vie privée** pour s'assurer que ses politiques soient en adéquation avec les normes internationales. Par exemple, la plateforme a travaillé avec des groupes de santé mentale pour fournir des ressources et des conseils aux utilisateurs qui montrent des signes de détresse ou de souffrance psychologique.

Ces partenariats permettent à TikTok de rester à jour sur les meilleures pratiques et d'apporter des ajustements quand c'est nécessaire. Mais ça ne suffit pas toujours à empêcher les abus ou à protéger tous les utilisateurs.

Les Limites des Actions de TikTok : Ce Qu'il Reste à Faire

Même avec toutes ces mesures, il y a encore beaucoup de **lacunes** dans la gestion de TikTok. Pourquoi ? Parce que l'ampleur du problème est gigantesque.

La Modération à L'Échelle : Une Mission Impossible ?

TikTok compte des **milliards d'utilisateurs** et des millions de vidéos sont postées chaque jour. Même avec toute l'IA du monde et des équipes de modération gigantesques, il est presque impossible de tout contrôler en temps réel. Il suffit qu'un contenu problématique reste en ligne quelques heures pour qu'il devienne viral, et à ce stade, le mal est déjà fait.

Les utilisateurs se plaignent souvent que les vidéos offensantes ne sont pas supprimées assez vite, ou que leurs propres vidéos sont supprimées par erreur. Cela crée de la frustration et de la méfiance vis-à-vis de la plateforme. Alors, comment TikTok pourrait-il faire mieux ? Peut-être en **améliorant la transparence** de ses processus de modération, en embauchant plus de modérateurs, ou en développant des outils de signalement plus efficaces.

La Lutte Contre les Arnaques : Un Combat Sans Fin

Les arnaques sur TikTok évoluent plus vite que les règles de la plateforme. Les créateurs malveillants trouvent toujours de nouvelles astuces pour contourner les restrictions, que ce soit en changeant de pseudo, en utilisant des techniques de manipulation plus subtiles, ou en exploitant les failles de l'algorithme.

TikTok doit donc rester constamment sur ses gardes, mettre à jour ses outils de détection, et renforcer ses règles pour rester en avance sur les arnaqueurs. Mais ce n'est pas toujours facile, surtout quand tu dois gérer une plateforme aussi vaste et dynamique.

La Sensibilisation des Utilisateurs : Un Effort Collectif

Pour que TikTok devienne vraiment un espace sûr, il faut aussi que les **utilisateurs** s'impliquent. TikTok pourrait faire plus pour éduquer ses utilisateurs sur les risques en ligne, sur les comportements appropriés, et sur la manière de signaler les abus.

Des tutoriels intégrés, des campagnes de sensibilisation, ou même des quiz interactifs pourraient être des moyens efficaces d'aider les utilisateurs à comprendre les dangers potentiels et à agir de manière responsable.

Conclusion : TikTok, Ami ou Ennemi ?

Alors, TikTok est-il un ange ou un démon ? Ni l'un ni l'autre. C'est une plateforme qui fait de son mieux pour gérer une situation incroyablement complexe. Oui, elle a des responsabilités, et oui, elle pourrait faire plus pour protéger ses utilisateurs et limiter les contenus problématiques. Mais en fin de compte, la sécurité sur TikTok est une affaire de **co-responsabilité**.

Nous, les utilisateurs, devons aussi être vigilants, signaler les comportements abusifs, et respecter les règles de la communauté. Parce qu'après tout, TikTok, c'est notre terrain de jeu à tous, et on a tous un rôle à jouer pour en faire un espace sûr et fun.

Alors, amuse-toi, crée, partage... mais reste conscient de ce qui se passe autour de toi. Et surtout, n'oublie jamais que même sur TikTok, les règles sont là pour une raison. 📱💬

Chapitre 16 : Développer un Esprit Critique : Éduquer et Sensibiliser les Utilisateurs

Bienvenue dans le chapitre où on met notre cerveau en mode "détective privé" ! Parce que sur TikTok, comme partout ailleurs sur Internet, il faut parfois savoir jouer au Sherlock Holmes pour débusquer les fausses infos, les arnaques et les dramas montés de toutes pièces. Et oui, c'est super de scroller et de liker, mais c'est encore mieux de le faire avec un peu de jugeote.

Dans ce chapitre, on va parler de **développer un esprit critique**. Oui, je sais, ça fait un peu "prof de philo en mode conférence TED", mais t'inquiète, je vais essayer de te montrer comment ça peut être super utile (et même marrant) de savoir analyser et questionner tout ce que tu vois passer sur ton feed TikTok.

Pourquoi C'est Important de Développer un Esprit Critique sur TikTok ?

Commençons par le commencement. Pourquoi est-ce que tu devrais te soucier d'avoir un **esprit critique** quand tu es juste là pour t'amuser et découvrir de nouvelles danses ? Eh bien, parce que TikTok, c'est aussi un endroit où tout le monde peut poster n'importe quoi. Des vidéos de chats trop mignons, aux recettes de cuisine étranges... jusqu'aux théories du complot les plus farfelues et aux faux appels à dons.

Pour Éviter de Tomber dans le Piège des Fake News

Tu as peut-être déjà vu des vidéos avec des titres du genre : "Le secret pour devenir millionnaire en 3 jours" ou "Cette astuce va te faire perdre 10 kilos en une semaine (sans régime, promis juré !)". La réalité ? Beaucoup de ces vidéos sont juste des attrape-nigauds. On t'appâte avec un titre catchy, et derrière, il n'y a rien de vrai, rien de fiable.

Savoir développer un esprit critique, c'est te protéger contre ces fausses promesses et garder ton cerveau à l'abri de toutes ces intox.

Pour Ne Pas Se Faire Arnaquer

On en a parlé dans les chapitres précédents, mais les arnaques sur TikTok peuvent prendre plein de formes : cagnottes bidon, faux giveaways, "boosts" d'abonnés payants... et j'en passe. Si tu apprends à repérer ces arnaques avant de te faire avoir, tu garderas ton portefeuille bien en sécurité. Et crois-moi, ton banquier te remerciera.

1. **Pour Garder Ton Feed Propre et Sympa**

Si tu commences à liker, commenter ou partager des contenus douteux, l'algorithme de TikTok va penser que tu adores ce genre de trucs et t'en montrer encore plus. Résultat ? Ton feed se transforme en un bazar rempli de dramas, d'arnaques, et de fake news. Personne ne veut ça, non ? Alors, mieux vaut apprendre à discerner le bon grain de l'ivraie.

Comment Apprendre à Analyser et Questionner le Contenu ?

Maintenant que tu sais pourquoi c'est important, voyons comment tu peux développer cet esprit critique sans trop te casser la tête. Parce que oui, analyser le contenu, ça peut être rapide et efficace, sans être un boulot à temps plein.

Utilise La Technique du "Pourquoi ?"

La prochaine fois que tu regardes une vidéo un peu trop "parfaite" ou qui fait des promesses extraordinaires, pose-toi la question : **Pourquoi ?** Pourquoi cette personne poste cette vidéo ? Que cherche-t-elle à obtenir ? Est-ce que ça paraît crédible ou est-ce que ça ressemble à un épisode de télé-réalité à deux balles ?

Exemple : tu vois un créateur qui prétend avoir découvert une méthode magique pour gagner de l'argent rapidement. Demande-toi pourquoi il

partagerait ce secret avec tout le monde…
gratuitement. Spoiler alert : souvent, il y a un lien
vers un site douteux à la clé, ou bien un produit
miracle à vendre.

Fais Tes Propres Recherches

Avant de croire aveuglément tout ce que tu vois,
prends quelques secondes pour **vérifier l'info**.
Google est ton meilleur ami dans ces cas-là. Si
quelqu'un annonce une nouvelle fracassante, tape
ça dans la barre de recherche et vois si d'autres
sources fiables en parlent. Si tu ne trouves rien
d'autre, il y a des chances que ce soit du flan.

Par exemple, si un créateur te dit que boire de l'eau
chaude à 4h du matin guérit toutes les maladies,
vérifie cette info avant de te lever à l'aube pour
avaler ton litre d'eau. Spoiler : c'est probablement
faux. 😄

Observe les Détails Visuels

Les vidéos bien montées, avec des effets spéciaux
et une mise en scène impeccable, ça attire l'œil.
Mais justement, regarde bien les détails. Est-ce que
tout a l'air "trop" parfait ? Les vidéos fake ont
souvent des petits signes révélateurs : des images
de mauvaise qualité, des sauts de montage
étranges, ou des sous-titres qui ne collent pas
vraiment avec le ton de la voix.

Une autre astuce ? Vérifie les **captures d'écran** dans les vidéos. Beaucoup de créateurs malins utilisent des images photoshopées pour rendre leur histoire plus crédible. Zoom sur ces images, et tu verras parfois des petits indices qui montrent que tout ça n'est qu'un montage grossier.

Analyse Les Commentaires

Avant de tomber dans le panneau, va faire un tour dans la section **commentaires**. Souvent, d'autres utilisateurs auront déjà flairé l'arnaque et laissé des messages pour avertir les autres. Les commentaires peuvent aussi révéler si la vidéo est authentique ou pas, surtout si les réponses sont bourrées de bots ou de commentaires étrangement identiques.

Si tout le monde commente "Génial !", "Super offre !" sans rien ajouter de personnel, c'est louche. Par contre, si tu vois des "Hé, attends, ça n'a aucun sens !", alors tu sais qu'il y a peut-être un souci.

Méthodes pour Vérifier l'Authenticité des Informations

Passons maintenant aux choses sérieuses : comment vérifier si ce que tu vois est vrai ou juste du gros pipeau. Il existe plusieurs méthodes simples et efficaces pour te protéger contre les fausses infos.

Utilise Les Outils de Vérification de Faits

Il existe plein de sites qui font le boulot pour toi. Des plateformes comme **Snopes, FactCheck.org, ou AFP Factuel** sont spécialisées dans la vérification des faits. Si une information semble un peu trop incroyable pour être vraie, cherche sur ces sites pour voir si quelqu'un a déjà vérifié l'info.

Regarde Le Profil de l'Auteur

Avant de croire quelqu'un sur parole, vérifie qui est cette personne. Est-ce un expert dans son domaine ou juste un ado dans sa chambre qui cherche des vues ? Si le profil est nouveau, n'a que très peu de vidéos, ou semble créé récemment, il y a peut-être une raison de se méfier.

Regarde aussi les autres contenus qu'il poste. Si tous les contenus semblent bizarres, exagérés ou trop "cliquez-ici-achetez-ça", tu es probablement en face d'un créateur qui cherche avant tout à faire du profit rapide, et pas à te rendre service.

Recoupe Les Sources

Un bon contenu se base souvent sur plusieurs sources fiables. Si quelqu'un cite une statistique incroyable, demande-toi d'où elle vient. Essaie de la retrouver sur des sites de confiance comme des médias reconnus, des sites gouvernementaux, ou des organisations officielles.

Si tu ne trouves cette info que sur TikTok ou des sites douteux avec plein de pubs bizarres, c'est probablement inventé de toutes pièces. Et si tu vois des sources qui renvoient toutes au même auteur... attention, ça sent le truc monté de toute pièce !

Applique La Règle du Bon Sens

Parfois, il suffit d'un peu de **bon sens**. Si quelqu'un te promet des résultats incroyables avec zéro effort, ou raconte une histoire qui semble tout droit sortie d'un film de science-fiction, c'est peut-être juste ça : de la science-fiction.

Si une vidéo déclenche des émotions très fortes (colère, peur, choc), demande-toi pourquoi. Les créateurs de contenu savent que les émotions fortes font réagir et peuvent inciter à partager sans réfléchir. Ne te laisse pas manipuler aussi facilement !

Suis Les Bons Comptes de Vérification

Certains créateurs sont spécialisés dans la vérification des faits et l'analyse critique des contenus en ligne. Ces comptes peuvent être une mine d'or pour apprendre à développer ton esprit critique. Cherche des comptes qui démystifient les fausses infos, qui expliquent les techniques de manipulation, et qui offrent des astuces pour ne pas tomber dans le panneau.

Bonus : Ces créateurs sont souvent drôles et créatifs dans leur approche, ce qui rend l'apprentissage beaucoup plus fun !

Comment Sensibiliser et Éduquer les Autres Utilisateurs ?

OK, maintenant que tu es un pro de la vérification de faits, comment tu fais pour aider tes potes TikTokeurs à ne pas se faire avoir non plus ?

Partage Tes Connaissances

Tu as découvert une arnaque ou une info fake ? Ne garde pas ça pour toi ! Fais une vidéo pour expliquer comment tu as découvert le pot-aux-roses, et donne des astuces pour éviter de tomber dans le même piège. Utilise des hashtags comme **#FactCheck, #FaitesAttention, ou #EspritCritique** pour toucher plus de monde.

Encourage Les Débats Sains

Si tu vois un commentaire qui pose des questions ou qui semble remettre en doute une info, rejoins la conversation ! Encourage les autres à poser des questions, à vérifier les infos, et à ne pas croire tout ce qu'ils voient. Crée un espace où les gens se sentent libres de discuter sans se sentir attaqués.

Signale Les Contenus Problématiques

TikTok a des outils de signalement pour une raison. Si tu vois un contenu qui semble être une arnaque, qui propage des fake news, ou qui incite à la haine, utilise le bouton "signaler". C'est une manière simple et efficace d'aider TikTok à repérer et supprimer les contenus nuisibles.

Utilise L'Humour Pour Sensibiliser

Les gens sont plus enclins à apprendre quand ils s'amusent. Alors, utilise ton humour pour créer des vidéos qui sensibilisent aux dangers des fake news et des arnaques. Fais des sketches, des parodies, ou des vidéos éducatives avec une petite touche d'ironie.

Tu pourrais devenir le nouveau Sherlock Holmes du TikTok, mais en plus fun et avec des danses en bonus.

Conclusion : S'amuser en Gardant les Yeux Ouverts

TikTok, c'est une aventure quotidienne où on découvre de nouvelles choses tout le temps. Mais pour que cette aventure reste amusante et positive, il faut apprendre à naviguer avec prudence et à développer son **esprit critique**. En devenant un utilisateur plus conscient et informé, tu participes à rendre TikTok meilleur pour tout le monde.

Alors, continue à scroller, à danser, et à créer... mais n'oublie jamais de réfléchir à deux fois avant de croire tout ce que tu vois. Parce que, oui, TikTok, c'est fun, mais c'est encore mieux quand tu sais que tu ne te fais pas avoir à chaque coin de vidéo.

Chapitre 17 : Stratégies pour se Protéger en Ligne

Bienvenue dans le chapitre où on enfile notre cape de super-héros numérique et on apprend à se défendre contre les vilains du web ! Parce que oui, TikTok, c'est fun, c'est créatif, mais ça peut aussi être un peu comme marcher dans une forêt pleine de pièges. On ne sait jamais quand on va tomber sur une arnaque, un troll ou quelqu'un qui veut pirater ton compte pour poster des vidéos de danse embarrassantes à ta place (pire cauchemar, on est d'accord).

Dans ce chapitre, on va voir **comment sécuriser tes comptes**, éviter les scams, protéger ta vie privée, et faire de TikTok un espace sûr et agréable pour toi et les autres. Allez, c'est parti, on s'équipe d'un bon antivirus, d'un peu de bon sens, et on plonge dans le monde merveilleux de la **cybersécurité**.

Conseils Pratiques pour Sécuriser Tes Comptes

La première étape pour te protéger en ligne, c'est de t'assurer que tes comptes sont bien sécurisés. Parce que si ton compte TikTok est aussi facile à hacker qu'une boîte de conserve avec un ouvre-boîte, c'est sûr que tu risques d'avoir des surprises (et pas des bonnes).

Choisis Un Mot de Passe Solide (Et Pas "123456")

On ne le répétera jamais assez : un **mot de passe** solide est ta première ligne de défense. Oublie les classiques du genre "motdepasse", "123456", ou même "TikTokLover". Pour que ton mot de passe soit vraiment sûr, utilise une combinaison de lettres (majuscules et minuscules), de chiffres, et de caractères spéciaux. Et oui, ça peut ressembler à un mot de passe de Matrix, mais au moins, tu es tranquille !

Exemple : "T!kT0k_M@ni@c2024" — voilà un mot de passe qui ne se devine pas aussi facilement. Et non, ne l'utilise pas tel quel maintenant, ça y est, tout le monde le connaît !

Active la Vérification en Deux Étapes (Double Sécurité, Double Fun)

La vérification en deux étapes (ou authentification à deux facteurs) est un must. C'est comme mettre un deuxième cadenas sur ta porte d'entrée. Même si quelqu'un trouve ton mot de passe, il devra encore prouver qu'il est bien toi en utilisant un code envoyé sur ton téléphone ou une application de sécurité.

Pour activer cette option sur TikTok, rends-toi dans les paramètres de ton compte, puis clique sur

"Sécurité" et active l'authentification en deux facteurs. Ça ne prend que deux minutes, et ça peut te sauver de beaucoup d'ennuis.

Méfie-Toi des Connexions Suspicious : Ne Pas Tout Croire

TikTok, c'est bien, mais pas au point de se connecter n'importe où, n'importe quand. Évite de te connecter à ton compte TikTok sur des **appareils publics** ou des **réseaux Wi-Fi non sécurisés**. Si tu dois absolument le faire, pense à te déconnecter après chaque session et ne sauvegarde jamais tes identifiants sur ces appareils.

Oui, se reconnecter à chaque fois, c'est un peu chiant, mais c'est mieux que de se faire voler son compte par un hacker qui traînait dans le cybercafé.

Vérifie Les Paramètres de Confidentialité de Ton Compte

Assure-toi que les paramètres de ton compte sont bien réglés pour protéger ta **vie privée**. TikTok te permet de contrôler qui peut voir tes vidéos, qui peut te suivre, qui peut commenter, et qui peut interagir avec toi.

Passe ton compte en mode **privé** si tu ne veux pas que tout le monde voie tes vidéos. Tu peux également restreindre les commentaires, bloquer les utilisateurs que tu ne veux pas voir, et filtrer certains mots dans les commentaires. N'hésite pas à utiliser ces outils : ils sont là pour toi !

Comment Éviter Les Scams (Arnaques) ?

Maintenant que ton compte est bien sécurisé, voyons comment éviter de tomber dans les **pièges** tendus par les arnaqueurs. Parce que oui, il y a toujours des petits malins qui cherchent à te soutirer de l'argent ou des infos personnelles.

Ne Tombe Pas dans le Panneau des "Boosts" et des "Giveaways"

Tu vois ces vidéos qui te promettent des milliers d'abonnés ou des cadeaux incroyables si tu envoies de l'argent ou si tu participes à un concours ? Méfiance ! La plupart du temps, ce sont des **arnaques**. Les créateurs qui lancent ces "giveaways" te demandent de suivre un lien bizarre, de donner des informations personnelles, ou pire, de sortir ta carte bancaire. Stop. Ne fais jamais ça.

Un vrai giveaway n'exige jamais que tu paies quoi que ce soit ou que tu donnes tes infos personnelles. Et les vrais boosts d'abonnés ? Ils viennent du contenu de qualité, pas des arnaques.

Fais Attention aux Messages Privés Trop Beaux Pour Être Vrais

Les **DMs** (messages privés) sont souvent le terrain de chasse des arnaqueurs. Si tu reçois un message d'un utilisateur inconnu qui te promet monts et merveilles (argent facile, partenariat lucratif, ou loterie gagnée), sois prudent. La règle d'or est simple : si c'est trop beau pour être vrai, c'est probablement faux.

Avant de répondre ou de cliquer sur un lien, vérifie le profil de l'expéditeur. Est-il actif ? A-t-il d'autres vidéos ? Ses vidéos semblent-elles authentiques ou sont-elles pleines de messages similaires ?

Ne Partage Jamais Tes Informations Personnelles ou Bancaires

C'est une évidence, mais ça mérite d'être rappelé : **ne partage jamais tes infos personnelles** (adresse, numéro de téléphone, numéro de carte bancaire) avec des personnes que tu ne connais pas, même si elles te semblent sympathiques.

Aucun créateur légitime ne te demandera jamais ce genre d'informations pour un concours ou un giveaway. Si quelqu'un insiste pour que tu donnes ces infos, c'est une énorme alerte rouge : arnaque en vue !

Ignore Les Lien Bizarres (Même Si C'est Tentant)

Les arnaqueurs adorent t'envoyer des liens qui semblent légitimes, mais qui mènent à des sites frauduleux ou infectés par des virus. Si tu reçois un lien étrange, même d'un ami, sois prudent. Demande-lui ce que c'est avant de cliquer. Et si c'est un inconnu, ne clique pas du tout. Sur TikTok, comme ailleurs, mieux vaut prévenir que guérir.

Comment Protéger Ta Vie Privée ?

Ta vie privée, c'est ton jardin secret numérique. Voici comment faire pour garder ce jardin bien entretenu et à l'abri des regards indiscrets.

Choisis Avec Soin Ce Que Tu Partages

C'est tentant de tout partager sur TikTok : ce que tu manges, où tu es, avec qui tu es... Mais réfléchis à deux fois avant de poster. Plus tu partages de détails personnels, plus tu donnes d'infos aux gens qui pourraient les utiliser contre toi.

Par exemple, évite de poster des vidéos où l'on peut voir clairement ton adresse, ta plaque d'immatriculation, ou tout autre élément qui pourrait révéler ta localisation précise.

Utilise Un Pseudonyme (Si Besoin)

Si tu préfères rester anonyme ou protéger ta vie privée, utilise un **pseudonyme** au lieu de ton vrai nom. Cela te permet de créer et de partager sans exposer ton identité réelle. Et si quelqu'un insiste pour connaître ton vrai nom, rappelle-toi : tu n'es pas obligé de donner cette information.

On est là pour s'amuser, pas pour participer à un recensement.

Limite Les Interactions Avec Les Inconnus

Sur TikTok, tu peux choisir qui peut t'envoyer des messages privés ou commenter tes vidéos. Si tu veux éviter les interactions non désirées, limite ces options aux personnes que tu suis déjà. Tu peux aussi bloquer les utilisateurs qui te semblent suspects ou qui te harcèlent.

Ne te sens jamais coupable de bloquer quelqu'un. Ce bouton existe pour une raison, et cette raison, c'est toi.

Contrôle Les Applications Connectées à Ton Compte

De nombreuses applications demandent l'autorisation de se connecter à ton compte TikTok. Fais régulièrement un tour dans les paramètres de ton compte pour vérifier quelles applications ont accès à tes données, et retire l'accès à celles qui te semblent inutiles ou douteuses.

Moins il y a d'applications connectées, moins il y a de portes d'entrée pour les hackers.

Comment Signaler et Éviter Les Comportements Nuisibles ?

Enfin, parlons de ce que tu peux faire si tu vois quelque chose de **toxique** ou d'**inapproprié** sur TikTok. Parce que oui, tu as aussi un rôle à jouer pour rendre la plateforme plus sûre.

Signale Les Contenus Inappropriés

TikTok a une fonction de signalement pour une bonne raison. Si tu vois un contenu qui semble violer les règles de la communauté (harcèlement, violence, incitation à la haine, fausses informations, etc.), utilise le bouton "Signaler". Plus TikTok reçoit de signalements, plus la plateforme peut réagir vite.

N'aie pas peur de signaler. Ce n'est pas être un "balance", c'est protéger la communauté.

Utilise Le Filtrage de Commentaires

Si tu es créateur, utilise les outils de **filtrage de commentaires** pour bloquer certains mots ou phrases inappropriés. Tu peux aussi choisir d'approuver chaque commentaire avant qu'il ne soit publié. Oui, ça demande un peu de travail, mais ça aide à garder ta page propre et positive.

Éduque Ta Communauté

Si tu as une communauté de followers, n'hésite pas à leur parler de la **cybersécurité** et de l'importance de se protéger en ligne. Crée du contenu qui sensibilise aux risques d'arnaques, aux comportements toxiques, et à l'importance de signaler les abus.

Plus les gens sont informés, moins ils se feront avoir par les pièges numériques.

Reste à L'Écart des Dramas Inutiles

Sur TikTok, il y a toujours des dramas qui éclatent à gauche et à droite. Le meilleur conseil ? **Reste en dehors** de tout ça. Les dramas créent souvent un climat toxique et peuvent facilement dégénérer. Si tu vois une situation qui te semble injuste ou abusive, signale-la et passe ton chemin.

Engage-toi dans des contenus positifs et bienveillants, et évite de tomber dans le piège des conflits en ligne.

Conclusion : Sois un Utilisateur Responsable et Éclairé !

Voilà, tu es maintenant armé pour faire de TikTok un espace plus sûr pour toi et pour les autres. Protéger tes comptes, éviter les arnaques, respecter ta vie privée, et savoir signaler les abus, c'est tout un programme... mais c'est aussi la clé pour profiter de TikTok sans stress.

Rappelle-toi que tu n'es pas seulement un simple spectateur ou créateur : tu es un **acteur** de la communauté TikTok. En prenant soin de toi et en respectant les autres, tu contribues à faire de cette plateforme un endroit fun, créatif, et surtout, **sûr** pour tout le monde. 🤞🟢

Alors, continue à danser, à rire, et à créer, mais garde toujours un œil ouvert et reste vigilant. TikTok, c'est génial... tant que tu ne perds pas de vue l'importance de la sécurité en ligne.

Chapitre 18 : Encourager une Utilisation Positive et Responsable de TikTok

TikTok, c'est un peu comme une immense boîte à surprises. Un coup, tu tombes sur un chien qui fait du skateboard (top !), et le coup d'après, sur un débat hyper intense sur qui est le meilleur chanteur de la décennie (marrant, mais bon, chacun ses goûts...). Mais dans ce vaste océan de contenu, il y a aussi pas mal de trucs qui peuvent te faire rouler des yeux, te stresser, voire te plomber le moral.

Alors, comment faire pour que TikTok reste un endroit fun, sain, et positif pour toi et pour tous ceux qui y passent du temps ? Dans ce chapitre, on va voir comment tu peux contribuer à créer une vibe plus cool sur la plateforme. Spoiler : c'est plus simple que tu ne le penses, et tu peux même t'éclater en le faisant !

Suggestions pour Utiliser TikTok de Manière Saine et Positive

Fixe-Toi des Limites de Temps (Parce Que Oui, TikTok Peut Être Addictif)

On le sait tous : TikTok est conçu pour te faire scroller encore et encore. Et avant que tu t'en rendes compte, tu viens de passer trois heures à regarder des vidéos de chats déguisés en cowboys. Rien de mal à ça, mais si tu veux éviter que TikTok devienne ta seule activité quotidienne, fixe-toi des **limites de temps**.

Utilise la fonction de gestion du temps de TikTok pour te rappeler de faire une pause après un certain temps. Ou utilise une application de gestion de temps pour t'aider à te déconnecter quand tu sens que tu perds le contrôle. Pas question de louper ton rendez-vous chez le dentiste ou ton cours de yoga à cause d'un défi viral !

Pratique le "Scroll Conscient"

On est souvent en mode **"scroll automatique"** sur TikTok, en likant des vidéos sans même y penser. Passe plutôt en mode **"scroll conscient"** : prends le temps de réfléchir à ce que tu regardes. Est-ce que ce contenu te fait du bien ? Est-ce que ça t'apporte quelque chose de positif ou est-ce que ça te stresse ?

Si tu tombes sur une vidéo qui te rend mal à l'aise ou qui te fait te sentir nul, passe ton chemin. TikTok doit être un endroit où tu te sens bien, pas un champ de mines émotionnelles.

Nettoie Ton Algorithme : Bye-Bye le Négatif

TikTok fonctionne avec un algorithme qui te montre ce que tu aimes regarder. Donc, si tu veux un feed rempli de good vibes, de danses drôles, et de recettes sympas, commence par interagir avec ce type de contenu.

Si tu vois une vidéo qui ne te plaît pas ou qui te stresse, fais-le savoir à l'algorithme ! Appuie longuement sur la vidéo et clique sur "Pas intéressé". Fais ça régulièrement, et ton feed sera bientôt rempli de contenu qui te fait vraiment sourire.

Utilise TikTok Pour Apprendre de Nouvelles Choses

TikTok n'est pas seulement fait pour danser ou se marrer (même si c'est déjà super cool). Tu peux aussi l'utiliser pour apprendre des trucs utiles. Tu veux apprendre une nouvelle langue, découvrir des recettes, t'initier au yoga ou comprendre les bases de l'astrophysique ? Il y a une tonne de créateurs qui partagent des contenus éducatifs super intéressants.

Suis des comptes qui t'apprennent quelque chose, et profite de ton temps sur TikTok pour enrichir tes connaissances. Non seulement tu t'amuseras, mais tu sortiras de là plus intelligent(e). Et avoue, ça claque sur le CV : "Passionné(e) de TikTok ET d'astrophysique".

Encourager la Création de Contenu Authentique et Constructif

Créer du contenu sur TikTok, c'est comme avoir une scène ouverte à ta disposition. C'est ta chance de briller, de t'exprimer, et de partager ce qui te tient à cœur. Mais attention, tout le monde ne recherche pas le buzz ou les vues à tout prix (surtout si ça implique de lécher des toilettes pour un défi bizarre…). Voici comment tu peux contribuer à une culture de contenu authentique et constructif sur TikTok.

Partage Ce Qui Te Rend Heureux(se) (Même Si Ce n'est Pas "Tendance")

L'authenticité, c'est la clé pour connecter avec les autres. Partage ce qui te passionne, ce qui te fait vibrer, même si ce n'est pas forcément la tendance du moment. Tu aimes le tricot ? Fais une vidéo sur ça ! Tu es fan de jardinage ou de musique des années 80 ? Vas-y, montre-nous tout ça !

Le contenu authentique attire des gens qui partagent les mêmes intérêts que toi, et ça crée une communauté plus vraie et plus engagée. Après tout, qui a dit que tu devais faire le dernier challenge viral pour être cool ?

Fais Des Vidéos qui Inspirent ou Aident les Autres

Pense à ce que tu peux apporter de positif à la communauté. Que ce soit un tutoriel pratique, des conseils pour surmonter le stress, ou même juste une blague pour remonter le moral, essaye de faire des vidéos qui peuvent aider ou inspirer les autres.

Ton but ? Que les gens se sentent mieux après avoir vu ta vidéo. Même un petit geste, comme encourager les gens à boire de l'eau ou à sourire plus souvent, peut faire une grande différence. Qui sait, tu pourrais bien devenir l'influenceur bien-être de TikTok !

Ne Tombe Pas dans le Piège des Dramas

Les dramas, c'est tentant. Mais avant de poster une vidéo-réponse pleine de rage ou de te lancer dans un clash, prends une grande inspiration. Est-ce que ça vaut vraiment la peine de créer du négatif ?

Utilise ton énergie pour créer du contenu positif plutôt que pour alimenter des conflits inutiles. Ton temps est précieux, alors investis-le dans des choses qui te rendent heureux(se) et qui apportent quelque chose de bon à la plateforme.

Sois Transparent(e) et Honnête Avec Tes Abonnés

Si tu fais une collaboration ou un partenariat, sois toujours transparent(e) à ce sujet. Mentionne-le clairement dans tes vidéos. Les gens apprécient l'honnêteté et respectent les créateurs qui jouent franc jeu. Et en plus, tu évites des problèmes avec TikTok et ses règles sur la transparence.

Tes abonnés te suivront pour toi, pas juste pour les produits que tu promouvois. Alors, reste authentique et montre ta vraie personnalité. Si tu fais ça, tu n'auras pas besoin de fake pour attirer l'attention.

Idées de Contenus Positifs pour Inspirer Tes Abonnés

Tu te demandes peut-être quels types de contenus positifs et constructifs tu pourrais créer ? Voici quelques idées pour t'inspirer et faire en sorte que ta page TikTok devienne un lieu où il fait bon traîner.

Lance des Défis Positifs

Au lieu de lancer des défis dangereux ou inutiles, pense à des défis qui peuvent apporter quelque chose de positif. Par exemple, un défi de "gratitude", où chaque jour, tu partages quelque chose pour lequel tu es reconnaissant(e). Ou un défi "gentillesse" : fais un acte de gentillesse par jour et invite tes abonnés à faire de même.

Fais Découvrir Tes Passions et Hobbies

Que tu sois fan de skateboard, de cuisine, de littérature, ou de jeu vidéo, fais découvrir tes passions à tes abonnés. Fais des vidéos où tu montres comment tu pratiques ton hobby, ou donne des conseils pour ceux qui voudraient s'y mettre aussi. C'est une excellente manière de connecter avec des gens qui partagent les mêmes centres d'intérêt.

Partage des Histoires Inspirantes

Tout le monde aime une bonne histoire inspirante. Que ce soit la tienne ou celle de quelqu'un d'autre, n'hésite pas à raconter des histoires de résilience, de succès inattendus, ou de gentillesse. Les histoires positives ont le pouvoir de toucher les cœurs et de motiver les gens à être la meilleure version d'eux-mêmes.

Organise des Lives Positifs et Interactifs

Utilise les lives pour créer un espace de partage et de discussion bienveillante. Organise des sessions de questions-réponses sur des sujets qui te passionnent, fais des démonstrations de tes talents, ou simplement discute avec ta communauté sur des sujets positifs. C'est l'occasion de montrer qui tu es vraiment, sans filtre, et de créer des connexions authentiques.

Utilise L'Humour de Manière Bienveillante

L'humour est une arme puissante pour rassembler les gens. Utilise-le pour faire rire sans blesser, pour pointer les absurdités de la vie avec un sourire, et pour apporter un peu de légèreté dans le quotidien de tes abonnés. Le rire, ça fait du bien à tout le monde !

Créer Une Culture de Bienveillance sur TikTok

Enfin, pour que TikTok devienne un espace plus positif, il faut aussi encourager une culture de **bienveillance**.

Sois Actif(ve) dans les Commentaires Positifs

Prends le temps de laisser des commentaires positifs sur les vidéos que tu aimes. Complimente, encourage, remercie. En créant une vibe positive dans les sections de commentaires, tu contribues à rendre TikTok plus agréable pour tout le monde.

Défends Ceux qui Sont Attaqués

Si tu vois quelqu'un se faire harceler ou attaquer dans les commentaires, prends position pour eux (sans être agressif, bien sûr). Signale les comportements toxiques et encourage les autres à faire de même.

En montrant que tu es contre la haine et le harcèlement, tu aides à créer un espace plus sûr et plus respectueux pour tout le monde.

Prône l'Inclusion et la Diversité

TikTok est une plateforme mondiale avec des gens de toutes origines, cultures et orientations. Encourage cette diversité en suivant des créateurs de tous horizons et en partageant leurs contenus. Participe aux discussions sur l'inclusion, et montre que tu es ouvert(e) à toutes les voix.

Conclusion : Fais de TikTok un Endroit Positif et Fun pour Tous !

TikTok, c'est toi, moi, et des millions d'autres personnes. Si chacun de nous fait un petit effort pour poster de manière positive, constructive, et bienveillante, on peut transformer cette plateforme en un espace où il fait bon être, où on apprend, on rit, et on se sent bien.

Alors, la prochaine fois que tu postes une vidéo, pense à l'impact que tu veux avoir. Sois authentique, partage de bonnes vibes, et surtout... amuse-toi ! Parce qu'au final, TikTok, c'est fait pour ça. 💖✨

Chapitre 19 : Les Alternatives : Repenser notre Relation avec les Réseaux Sociaux

Si tu as déjà eu l'impression que TikTok, c'est un peu comme une montagne russe émotionnelle où tu as oublié de descendre, tu n'es pas seul(e). Entre les dramas, les arnaques, les challenges de plus en plus farfelus et les vidéos qui te font passer du rire aux larmes en 10 secondes chrono, il est parfois bon de se demander : "Est-ce que je ne pourrais pas utiliser les réseaux sociaux d'une manière un peu plus... zen ?"

Dans ce chapitre, on va parler des **alternatives** pour ceux qui veulent garder une vie digitale équilibrée. Comment utiliser TikTok sans se faire happer par les dramas ? Quelles sont les autres plateformes plus sûres et plus calmes ? Et surtout, comment peut-on repenser notre relation avec le monde numérique pour qu'il nous apporte du positif plutôt que du stress ?

Réduire Son Exposition Aux Dramas : Des Astuces Simples Mais Efficaces

Tu ne peux pas toujours contrôler ce que tu vois sur ton feed, mais tu peux contrôler la manière dont tu interagis avec les contenus. Voici quelques astuces pour **réduire ton exposition aux dramas** sur TikTok (ou ailleurs).

Utilise La Fonction "Pas Intéressé" (Ton Meilleur Ami Secret)

TikTok a une fonction magique appelée **"Pas intéressé"**. Quand tu vois une vidéo de drama qui te tape sur le système, appuie longuement dessus et clique sur "Pas intéressé". Plus tu utilises cette fonction, plus l'algorithme va comprendre que tu ne veux pas voir ce type de contenu. C'est un peu comme dresser ton chien à ne pas sauter sur le canapé. Avec le temps, ton feed deviendra un endroit beaucoup plus paisible.

Ne Clique Pas Sur Les Vidéos de Drama : Résiste à la Tentation !

On le sait, c'est dur de ne pas cliquer sur une vidéo qui promet des révélations choc ou un clash monumental. Mais résiste ! Chaque clic que tu fais est enregistré par l'algorithme et l'encourage à te montrer plus de ce type de contenu. En choisissant délibérément de ne pas cliquer sur ces vidéos, tu entraînes l'algorithme à te proposer des contenus plus constructifs et positifs.

Désactive Les Notifications TikTok

Les notifications TikTok peuvent être de véritables pièges. Elles clignotent, vibrent et sonnent pour te dire que quelqu'un a aimé ton commentaire ou posté une nouvelle vidéo. Pour éviter de te laisser distraire, désactive les notifications. Fais de TikTok un plaisir que tu consultes quand tu en as vraiment envie, et pas une obsession qui te suit toute la journée.

Crée-toi Une Routine Digitale Plus Saine

Planifie des moments spécifiques pour utiliser TikTok au lieu de scroller sans fin à chaque pause. Par exemple, accorde-toi 20 minutes après le déjeuner pour te détendre, puis range ton téléphone. Cette approche te permet de profiter du contenu sans te laisser happer dans une spirale de scroll infini. Et non, "Juste une vidéo de plus" n'est pas un plan !

Limite les Interactions Négatives et les Discussions Toxiques

Sur TikTok, comme ailleurs, tu ne peux pas empêcher les autres d'être toxiques, mais tu peux choisir comment réagir. Si quelqu'un essaie de te provoquer ou de te faire entrer dans un drama, respire un grand coup et passe ton chemin. Ton énergie est précieuse, ne la gaspille pas sur des personnes qui ne cherchent qu'à semer le chaos.

Explorer Des Plateformes Plus Sûres et Moins Stressantes

TikTok n'est pas le seul réseau social au monde. Si tu veux réduire ton exposition aux contenus négatifs, tu peux explorer des **alternatives plus sûres et moins stressantes**.

BeReal : Reviens à l'Essentiel

BeReal, c'est l'anti-TikTok. Ici, pas de filtres de chat qui te transforment en princesse ni de challenges débiles. L'idée est simple : chaque jour, à une heure aléatoire, tu reçois une notification te demandant de poster une photo de ce que tu fais à ce moment-là. Pas de retouche, pas de préparation. Juste la réalité.

BeReal est parfait pour ceux qui en ont marre des contenus ultra-scripts et veulent revenir à quelque chose de plus authentique. Tu te connectes, tu partages un moment de ta vie réelle, et tu te déconnectes. Pas de scroll infini, pas de drama, juste la vraie vie.

Discord : La Communauté Avant Tout

Discord, c'est un espace où tu peux rejoindre ou créer des **communautés** basées sur tes intérêts. Tu veux discuter de ta passion pour les plantes, les jeux vidéo ou la cuisine asiatique ? Il y a probablement un serveur Discord pour ça. Les discussions y sont souvent plus posées, et comme tout le monde est là pour la même chose, il y a moins de chances de tomber sur des trolls ou des dramas inutiles.

Et si tu veux vraiment t'éloigner du flux constant de TikTok, pourquoi ne pas créer ton propre serveur Discord avec des amis ou des personnes qui partagent tes centres d'intérêt ? C'est une manière géniale de garder le contact avec les gens que tu aimes sans passer par les pièges des réseaux sociaux classiques.

Reddit : Choisis Tes Propres Aventures Digitales

Reddit est un autre bon choix pour ceux qui préfèrent **contrôler leur expérience en ligne**. Reddit fonctionne avec des sous-forums appelés "subreddits" qui couvrent absolument tous les sujets imaginables. Tu peux t'abonner uniquement aux subreddits qui t'intéressent et ignorer tout le reste. Pas de feed imposé par un algorithme ici, juste les conversations que tu choisis de suivre.

Bien sûr, Reddit a aussi son lot de dramas et de trolls, mais tu as plus de contrôle sur ce que tu vois et où tu passes ton temps.

Pinterest : L'Inspiration Sans l'Agression

Pinterest est souvent oublié dans le monde des réseaux sociaux, mais il mérite ta considération. Pinterest, c'est le royaume de l'**inspiration visuelle**. Que tu cherches des idées de déco, des recettes de cuisine, des tenues fashion, ou des projets DIY, tu y trouveras ton bonheur sans avoir à gérer les dramas ou les débats enflammés.

Sur Pinterest, tu crées des tableaux d'inspiration, tu sauvegardes ce qui te plaît, et tu explores à ton rythme. Pas de pression, pas de commentaires toxiques, juste une immersion créative et positive.

Pratiques Numériques Responsables : Prendre Le Contrôle de Ton Temps en Ligne

En plus de choisir des plateformes plus calmes, tu peux adopter des **pratiques numériques responsables** pour mieux contrôler ton temps en ligne.

Déconnecte Régulièrement : Digital Detox Time !

Accorde-toi régulièrement des pauses sans écrans, que ce soit une journée par semaine ou quelques heures par jour. Éteins ton téléphone, éteins ton ordi, et fais autre chose. Lis un livre, va te balader, fais du sport, ou cuisine un bon petit plat. Ces moments sans écran te permettent de te reconnecter à toi-même et de te rappeler que le monde ne se résume pas à un écran de 6 pouces.

Prends du Temps Pour Tes Passions IRL (In Real Life)

Utiliser les réseaux sociaux, c'est sympa, mais n'oublie pas d'investir du temps dans tes passions hors ligne. Que ce soit jouer de la musique, peindre, jardiner, ou juste passer du temps avec tes amis et ta famille, ces moments sont tout aussi importants, sinon plus. Rappelle-toi que la vie est faite pour être vécue dans le monde réel, pas seulement à travers un écran.

Fais Attention à Ta Santé Mentale : Écoute-Toi

Sois attentif(ve) à comment tu te sens après avoir passé du temps sur TikTok ou sur un autre réseau social. Est-ce que tu te sens bien, inspiré(e), motivé(e) ? Ou est-ce que tu te sens stressé(e), épuisé(e), ou déprimé(e) ? Si tu te rends compte que ton temps en ligne te fait plus de mal que de bien, il est peut-être temps de faire une pause ou de réduire ton usage.

Partage de Façon Positive et Responsabilise-Toi

Quand tu postes quelque chose, pense à l'impact que cela peut avoir. Est-ce que ton contenu apporte du positif, de l'information, de l'inspiration, ou juste de l'amusement ? Ou est-ce qu'il risque d'enflammer les débats et de créer du négatif ? Sois un créateur conscient et responsable : le contenu que tu postes peut avoir un vrai impact sur les autres.

Apprends à Dire Non et à Fixer des Limites

N'aie pas peur de dire **non**. Non aux dramas, non aux contenus qui te rendent mal à l'aise, non aux notifications envahissantes, et non à tout ce qui ne te fait pas te sentir bien. Fixer des limites est essentiel pour garder une relation saine avec le monde numérique. Souviens-toi : tu es maître de ton expérience en ligne, pas l'inverse.

Repenser Notre Relation Avec les Réseaux Sociaux : Moins de Scroll, Plus de Qualité

Au final, il s'agit de repenser comment on utilise les réseaux sociaux. On peut les voir comme un divertissement sans fin, ou comme des outils qui nous permettent de nous connecter de manière authentique, d'apprendre, de nous inspirer et d'inspirer les autres. Voici quelques idées pour transformer notre manière d'utiliser ces plateformes.

Passe du Mode "Consommateur" au Mode "Créateur"

Ne sois pas juste un consommateur passif de contenu. Prends les choses en main, crée du contenu qui te ressemble, qui te fait plaisir et qui apporte quelque chose aux autres. Créer, c'est une manière de s'exprimer et de partager des choses qui comptent pour toi, tout en établissant des connexions réelles avec des personnes qui partagent tes passions.

Choisis Qualité Plutôt que Quantité

Plutôt que de scroller des heures pour trouver quelque chose qui te plaît, choisis de suivre des comptes de qualité qui partagent du contenu qui t'intéresse vraiment. Moins de comptes suivis, c'est moins de bruit, et plus de contenu que tu aimes vraiment. Un peu comme choisir de bons amis plutôt que d'essayer d'avoir tout le monde dans ton carnet d'adresses.

Utilise Les Réseaux Sociaux Comme Une Extension de Ta Vie, Pas Comme Un Remplacement

Les réseaux sociaux sont faits pour enrichir ta vie, pas pour la remplacer. Utilise-les pour découvrir de nouvelles choses, pour t'inspirer, pour rester en contact avec des amis, mais ne laisse pas ces plateformes devenir ton seul moyen d'interaction ou de divertissement. La vraie vie, elle, se passe dehors.

Conclusion : Redécouvre La Joie d'une Vie Digitale Équilibrée

Les réseaux sociaux, et notamment TikTok, peuvent être de super outils pour te divertir, t'éduquer, et te connecter avec les autres. Mais ils peuvent aussi devenir des sources de stress et de drama. En choisissant de repenser ta relation avec ces plateformes, en explorant des alternatives plus calmes, et en adoptant des pratiques numériques responsables, tu peux profiter pleinement de tout ce que le digital a à offrir, sans te laisser submerger.

Alors, respire, déconnecte-toi de temps en temps, et souviens-toi que la vie, c'est avant tout celle que tu vis en dehors de l'écran. 🌿

Chapitre 20 : Conclusion : Ouvrez les Yeux et Naviguez en Toute Conscience

Et voilà, tu es arrivé(e) à la fin de ce livre ! Bravo à toi d'avoir tenu jusqu'ici, parce que soyons honnêtes, ce n'était pas juste une balade au parc avec un petit vent frais. On a exploré les méandres de TikTok, débusqué les arnaques, décortiqué les dramas, et découvert comment utiliser cette plateforme (et les autres réseaux sociaux) de manière plus éclairée. Maintenant, c'est l'heure de se poser et de faire un petit récap'.

Récapitulons : Les Grands Enseignements de Notre Voyage à Travers TikTok

Commençons par revoir les points principaux que l'on a couverts ensemble. Pourquoi ? Parce qu'il n'y a pas de mal à revoir les bases, surtout quand il s'agit de protéger ton bien-être numérique. Allez, c'est parti pour un dernier tour de piste !

Les Dramas, Les Arnaques et Les Faux Semblants : Bienvenue Dans la Jungle Digitale

On a vu comment TikTok, comme beaucoup de réseaux sociaux, peut parfois ressembler à une jungle sauvage. Des dramas qui éclatent sans prévenir, des arnaqueurs qui rôdent à chaque coin de ton feed, des contenus trop beaux pour être vrais (parce qu'ils ne le sont pas, évidemment). Bref, on a appris que tout ce qui brille sur TikTok n'est pas or et qu'il faut souvent gratter un peu sous la surface pour voir la réalité en face.

L'Algorithme, Cet Ami Qui Peut Devenir Ton Pire Ennemi

Ah, l'algorithme ! Ce mot magique qui décide de ce que tu vas voir, aimer, commenter, et même ce que tu vas manger ce soir (OK, peut-être pas à ce point). Mais on a vu comment il fonctionne, pourquoi il adore les dramas et les contenus polémiques, et surtout, comment toi, tu peux reprendre le contrôle. Parce qu'en fait, c'est toi qui enseignes à l'algorithme ce que tu veux voir. Disons que c'est un peu comme dresser un chiot : ça prend du temps, mais ça finit par marcher.

Développer un Esprit Critique : Deviens Ton Propre Détective du Web

On a parlé de l'importance d'avoir un **esprit critique** et de ne pas croire tout ce qu'on voit. Oui, même si le créateur a 2 millions d'abonnés et une coupe de cheveux qui tue. Apprendre à vérifier les infos, repérer les arnaques, et se poser les bonnes questions, c'est comme se doter d'un super pouvoir. Tu deviens un vrai détective du web, prêt(e) à démasquer le fake et à naviguer en toute sécurité. Sherlock Holmes n'a qu'à bien se tenir !

Se Protéger et Protéger les Autres : Le Respect, Ça Commence Avec Toi

Utiliser TikTok (et tous les autres réseaux sociaux) de manière responsable, c'est aussi penser aux autres. On a vu comment sécuriser tes comptes, éviter de partager tes infos perso à n'importe qui, et surtout, comment signaler les comportements nuisibles. Mais il ne s'agit pas seulement de se protéger soi-même. Il s'agit aussi d'encourager une culture de respect et de bienveillance en ligne. Et oui, ça commence avec toi.

Créer du Contenu Positif et Constructif : Deviens un Modèle Pour Les Autres

Dans un océan de vidéos qui cherchent juste à attirer l'attention par n'importe quel moyen, tu peux choisir de faire autrement. Tu peux être celui ou celle qui partage du contenu qui inspire, qui éduque, qui amuse sans blesser, et qui encourage les autres à être eux-mêmes. Bref, tu peux être la lumière dans l'obscurité numérique. Et ça, ça fait de toi quelqu'un de vraiment cool (et pas juste pour les vues).

Explorer Les Alternatives et Repenser Notre Relation Aux Réseaux Sociaux

Tu n'es pas obligé(e) de rester coincé(e) dans une relation toxique avec les réseaux sociaux. On a exploré des alternatives comme BeReal, Discord, Reddit, ou même Pinterest pour ceux qui préfèrent des espaces plus calmes, plus centrés sur la communauté ou l'inspiration. On a aussi parlé de changer nos habitudes digitales, de pratiquer le "digital detox" et de vivre la vie plus "IRL" (In Real Life) que "URL".

Ouvrir les Yeux : Naviguer En Toute Conscience

Tu te dis peut-être : "OK, c'est sympa tout ça, mais qu'est-ce que je dois vraiment retenir ?" Eh bien, voici l'essentiel : **ouvre les yeux et navigue en toute conscience**.

Reste Vigilant(e) : Le Danger n'est Jamais Loin

Sur les réseaux sociaux, tout peut arriver très vite. Un moment, tu scrolles paisiblement, et le suivant, tu te retrouves dans un drama ou une arnaque. Alors, sois toujours sur tes gardes. Ne te laisse pas entraîner par la première info choc ou la première vidéo qui te promet la lune. Vérifie, questionne, et prends le temps de réfléchir avant de réagir.

Utilise Ton Esprit Critique Comme Une Boussole

Ta boussole, c'est ton **esprit critique**. Utilise-le pour te guider à travers le flot incessant de contenus. Pose-toi des questions simples : "Pourquoi cette personne partage-t-elle cela ? Quelle est sa motivation ? Est-ce que cela semble crédible ?" Plus tu utiliseras cette boussole, plus tu te sentiras à l'aise dans cet océan d'informations.

Prends le Contrôle de Ton Temps en Ligne

C'est toi qui décides de ton temps en ligne, pas l'inverse. Fixe-toi des limites, choisis des moments précis pour utiliser TikTok et d'autres réseaux sociaux, et fais-le de manière consciente. TikTok est un outil, pas un maître. Et n'oublie pas : il y a une vie incroyable qui t'attend hors ligne !

Choisis la Bienveillance et Le Positif

Encourage les autres, partage des contenus qui apportent du positif, et reste à l'écart des dramas inutiles. Ton attitude en ligne influence non seulement ton bien-être, mais aussi celui de toute ta communauté. Imagine si tout le monde choisissait d'être plus bienveillant sur les réseaux sociaux... Ce serait un peu comme TikTok, mais sans le côté "montagne russe émotionnelle". Plutôt cool, non ?

Redécouvre le Plaisir de la Vraie Vie

Les réseaux sociaux, c'est génial pour se connecter, s'amuser et s'inspirer, mais rien ne remplace la vraie vie. Fais de TikTok et des autres plateformes un bonus à ta vie réelle, pas une substitution. Organise des sorties, découvre de nouveaux hobbies, et profite du monde autour de toi. Ta présence en ligne n'est que le reflet de ta vie réelle... alors fais-en une vie riche et épanouissante !

Encouragement à Une Utilisation Éclairée des Réseaux Sociaux

Au final, ce livre n'est pas là pour te dire de fuir TikTok comme la peste. Au contraire ! TikTok peut être un endroit incroyablement amusant, créatif, et inspirant si tu sais comment l'utiliser avec discernement.

Sois Un(e) Utilisateur(trice) Éclairé(e)

En lisant ce livre, tu as déjà fait un pas énorme vers une utilisation plus consciente et éclairée des réseaux sociaux. Tu sais maintenant comment te protéger, comment encourager une culture de respect et de positivité, et comment éviter de te laisser happer par les dramas ou les fausses infos. Tu es devenu(e) un(e) utilisateur(trice) éclairé(e), et c'est exactement ce que TikTok (et le monde en général) a besoin.

Inspire Les Autres à Suivre Ton Exemple

Utilise ton influence, grande ou petite, pour inspirer les autres à adopter une attitude plus consciente en ligne. Partage ce que tu as appris, encourage des pratiques positives, et n'hésite pas à être un modèle de bienveillance et d'authenticité. Le monde numérique est ce que nous en faisons, et chaque petit geste compte.

Continue à Apprendre et à T'Adapter

Le monde des réseaux sociaux évolue constamment. Ce qui est vrai aujourd'hui peut changer demain. Continue à apprendre, à rester informé(e), et à t'adapter aux nouvelles réalités du monde numérique. Reste curieux(se), garde ton esprit critique en éveil, et n'aie pas peur d'explorer de nouvelles plateformes ou de tester de nouvelles façons de rester connecté(e) tout en protégeant ton bien-être.

Le Mot de la Fin : Reste Toi-Même, Amuse-Toi et Profite de Chaque Moment

Pour conclure, rappelle-toi que tu es unique et que tu as le pouvoir de faire de TikTok et des réseaux sociaux un endroit meilleur. Utilise ces outils pour t'exprimer, pour connecter avec les autres, et pour grandir. Mais fais-le avec conscience, vigilance, et toujours un brin d'humour (parce qu'après tout, la vie est trop courte pour se prendre trop au sérieux).

Alors, continue à danser, à créer, à aimer, et à partager... mais garde toujours les yeux bien ouverts et navigue en toute conscience. Parce qu'au final, la plus belle des aventures est celle que tu crées, un pas de danse à la fois. 🧟‍♀️🧛‍♀️✨

Allez, à toi de jouer !

Annexe : Checklist de Sécurité et de Prévention : Un Guide Pratique pour les Utilisateurs de Réseaux Sociaux

Félicitations, tu es arrivé(e) jusqu'à l'annexe de ce livre ! 🎉 Tu as survécu aux dramas, esquivé les arnaques, et tu as appris à naviguer sur les réseaux sociaux avec le flair d'un agent secret. Mais bon, même les meilleurs espions ont besoin d'un bon vieux **checklist** pour rester au top. Parce que oui, mieux vaut être **prêt(e) que désolé(e)**, surtout sur les réseaux.

Voici donc une **checklist de sécurité et de prévention** que tu peux utiliser comme ton guide pratique pour une utilisation plus sûre et plus consciente des réseaux sociaux. Imprime-la, accroche-la sur ton frigo ou dans ton espace de travail, ou garde-la simplement en tête. Et n'oublie pas d'ajouter une petite touche d'humour – après tout, la sécurité, c'est sérieux, mais ça peut aussi être fun ! 😊

1. Sécurise Tes Comptes (Parce Que Personne Ne Veut Se Faire Hacker Par Son Ex...)

🔒 **Choisis un mot de passe solide :** Utilise des mots de passe longs avec une combinaison de majuscules, minuscules, chiffres et symboles. Oublie les classiques du genre "password123". Même ton chat pourrait les deviner.

🔑 **Active l'authentification à deux facteurs (2FA)** : Ça fait un peu James Bond, mais c'est en fait super simple. Cette double sécurité empêche les petits malins de se connecter à ton compte, même s'ils devinent ton mot de passe.

🖥 **Vérifie régulièrement les appareils connectés :** Va dans les paramètres de ton compte pour voir quels appareils sont connectés. Si tu vois quelque chose de suspect, déconnecte-le direct.

🏯 **Change ton mot de passe régulièrement :** Ça peut sembler fastidieux, mais un petit changement de mot de passe de temps en temps, c'est comme une mise à jour de sécurité pour toi-même.

2. Protège Ta Vie Privée (Parce Que Tout le Monde N'a Pas Besoin de Savoir Où Tu Fais Ton Shopping)

🔑 **Paramètre ton profil en privé (si nécessaire) :** Si tu préfères que seuls tes amis voient tes vidéos et tes photos, n'hésite pas à mettre ton profil en mode privé.

Limite les informations personnelles : Évite de publier ton adresse, ton numéro de téléphone ou toute autre information sensible. Tu ne veux pas que n'importe qui sache où tu habites ou à quelle heure tu prends ta douche.

Bloque et signale les comportements inappropriés : Si quelqu'un te harcèle ou poste des commentaires désagréables, utilise le bouton "bloquer" sans hésitation. Pas besoin de tolérer le négatif.

Réfléchis avant de poster : Demande-toi toujours si ce que tu t'apprêtes à publier pourrait te causer des ennuis ou compromettre ta vie privée. Tu veux éviter que tes futurs employeurs tombent sur cette vidéo où tu danses en pyjama de licorne, non ?

3. Développe Un Esprit Critique (Parce Que Les Arnaques, C'est Un Peu Comme Les Moustiques : Partout !)

Vérifie les infos avant de partager : Si tu vois une info choc ou un contenu trop beau pour être vrai, fais tes propres recherches. Regarde si d'autres sources fiables en parlent. Si ça ressemble à un piège, ça l'est probablement.

⚠️ **Méfie-toi des liens suspects :** Ne clique jamais sur des liens bizarres envoyés par des inconnus (ou même par des amis sans explication). Ça pourrait être une porte ouverte pour les arnaques ou les virus.

🛑 **Attention aux giveaways et concours douteux** : Si on te demande de payer pour gagner un prix ou de donner tes informations personnelles, méfie-toi. Les vrais concours n'exigent jamais ce genre de choses.

👀 **Pose-toi des questions :** Qui a posté cette vidéo ? Pourquoi ? Quelle est la source de cette information ? Est-ce crédible ? Ces petites questions peuvent te sauver de grosses galères.

4. Contrôle Ton Temps En Ligne (Parce Que La Vraie Vie, Elle, N'a Pas de Bouton "Like")

⏰ **Fixe des limites de temps :** Utilise les outils de gestion du temps pour limiter ton utilisation des réseaux sociaux. Pourquoi ne pas essayer un "digital detox" de temps en temps ? Ton cerveau te dira merci.

🧘 **Pratique le "scroll conscient" :** Ne laisse pas l'algorithme te dicter ta vie. Choisis ce que tu veux regarder, et si quelque chose ne te plaît pas, passe ton chemin. Ton feed est ton royaume !

📱 **Désactive les notifications non essentielles :** Tu n'as pas besoin de savoir immédiatement si quelqu'un a commenté ta vidéo. Prends le contrôle de ton attention, et utilise ton temps en ligne quand ça te convient.

5. Encourage Une Utilisation Positive (Parce Que Les Good Vibes, Ça Contamine)

💬 **Sois bienveillant dans tes interactions :** Laisse des commentaires positifs, encourageants, et soutiens les créateurs de contenu que tu aimes. Un peu de gentillesse, ça fait toujours du bien.

⚫ **Ne participe pas aux dramas :** Si un conflit éclate, garde tes distances. Utilise ton énergie pour des choses plus positives et constructives. Le drama, c'est comme un nuage orageux... Tu ne veux pas y être coincé !

🧠 **Crée du contenu qui t'inspire et qui inspire les autres :** Partage tes passions, tes talents, et ce qui te rend heureux(se). Tu as le pouvoir de répandre des ondes positives, alors profite-en.

😊 **Fais preuve de transparence et d'authenticité :** Reste vrai(e) dans ce que tu partages. L'authenticité, c'est ce qui fait de toi quelqu'un d'unique, et c'est ce qui connecte vraiment avec les autres.

6. Explore Des Alternatives (Parce Que TikTok, Ce N'est Pas Tout dans la Vie)

🌿 **Découvre de nouvelles plateformes :** Explore des applications comme **BeReal, Discord, Reddit, ou Pinterest** pour des expériences en ligne différentes et souvent plus calmes. Tu pourrais être surpris(e) de ce que tu y trouves !

⛰️ **Sors et profite de la vraie vie :** Planifie des activités sans écran : une balade, une session de sport, un repas avec des amis... Le monde réel est encore plus vaste et plus beau que ton feed TikTok.

🧘 **Adopte une routine de digital detox :** Chaque semaine, offre-toi des moments sans écrans pour recharger tes batteries mentales. C'est fou ce qu'un peu de silence numérique peut faire pour ton bien-être.

7. Reste à Jour et Continue d'Apprendre (Parce Que Le Monde Numérique Évolue Toujours)

📚 **Suis des comptes éducatifs et de vérification des faits :** Apprends en continu en suivant des créateurs qui démystifient les fake news, parlent de sécurité en ligne, et partagent des conseils pratiques.

🔄 **Reste informé(e) des mises à jour de sécurité :** Les applications évoluent, tout comme leurs règles de sécurité. Reste à jour avec les nouvelles fonctionnalités qui te protègent mieux.

🔵 **Sois curieux(se) et continue à questionner :** La clé pour naviguer en toute sécurité, c'est d'être curieux(se) et de ne jamais arrêter de questionner ce que tu vois et entends.

Voilà ! La Checklist Qui Te Gardera En Sécurité et Heureux(se) en Ligne ! 🦾

Alors, que tu sois un(e) TikTokeur(se) invétéré(e) ou que tu préfères passer du temps sur d'autres réseaux, cette checklist est là pour t'aider à rester au top de ta sécurité et de ton bien-être. Parce qu'après tout, Internet est un outil fantastique pour s'amuser, apprendre et se connecter... tant que tu restes vigilant(e) et conscient(e).

Utilise-la, partage-la avec tes amis, et fais de ton temps en ligne une aventure pleine de bonnes vibes et de découvertes positives.

Et rappelle-toi : dans le monde numérique, comme dans la vraie vie, c'est toi qui décides de l'histoire que tu veux écrire. ✨📱💪

Bonus

Conseils pour Percer sur TikTok (Et Devenir le Prochain Roi ou Reine des Vidéos Virales)

Alors, tu veux devenir célèbre sur TikTok ? Tu rêves de voir ton nom briller dans les commentaires, de recevoir des montagnes de likes, et peut-être même de décrocher ce partenariat ultime avec une marque de thé détox ou de chaussettes funky ? Ne t'inquiète pas, je suis là pour te donner les clés du succès (ou du moins, quelques astuces qui pourraient bien t'aider à te faire remarquer) ! 🪄✨

1. Sois Toi-Même (Ou Quelqu'un de Vachement Plus Intéressant)

Sur TikTok, l'authenticité, c'est la clé. Ou alors, sois la version exagérée de toi-même ! Tu es fan de tricot extrême ou tu collectionnes les chaussettes qui brillent dans le noir ? Super, montre ça au monde ! Rien n'est trop bizarre pour TikTok, et ce qui te distingue pourrait bien être ton ticket vers la gloire virale. Alors, sois toi-même, mais en stéroïdes (enfin, façon de parler hein...).

2. Embarque Sur Les Tendances (Mais Mets-y Ta Touche Perso)

TikTok, c'est un peu comme un énorme buffet à volonté : il y a toujours une nouvelle tendance à croquer. Des danses, des challenges, des lip-syncs – choisis ton plat préféré, mais n'oublie pas d'y ajouter ta sauce secrète. Si tout le monde fait le "Wipe it Down Challenge" avec une serviette, fais-le avec un balai... ou en costume de dinosaure. Le but, c'est de participer, mais de le faire à ta manière.

3. Maîtrise L'Art de La Vidéo Courte (et Drôle)

TikTok, c'est comme un speed-dating avec le contenu : tu as 15 secondes pour faire une première impression inoubliable. Va droit au but, fais rire, choque (sans traumatiser) et surprends ton audience dès les premières secondes. Pense à ton intro comme un café double espresso : ça doit réveiller tout de suite ! Et si tu as une bonne punchline, garde-la pour la fin. Suspense et rire garantis.

4. Utilise les Hashtags avec Sagesse (Pas en Mode Nouilles Alphabet)

Les hashtags, c'est comme les épices en cuisine : trop, c'est immangeable, pas assez, c'est fade. Utilise les hashtags tendance et pertinents pour augmenter ta visibilité, mais évite de transformer ta description en roman de hashtags. Choisis-en quelques-uns qui collent vraiment à ton contenu, et ajoute-en un ou deux originaux pour te démarquer. #PasBesoinDunDictionnairePourCa

5. Engage-toi Avec Ta Communauté (C'est Pas un Monologue, C'est un Dialogue)

Réponds aux commentaires, fais des duos avec d'autres créateurs, pose des questions à ta communauté. Les gens adorent se sentir impliqués, et ça aide aussi l'algorithme à te remarquer. Et qui sait, peut-être que ton nouveau BFF virtuel est juste un commentaire hilarant ou un duo inattendu !

6. Soigne Tes Transitions (Parce Que Parfois, la Magie Est Dans Le Détail)

Les transitions sur TikTok, c'est un peu comme des tours de magie. Pas besoin d'être David Copperfield, mais un peu de flair et de créativité ne fait jamais de mal. Maîtrise quelques trucs de base (le fameux "téléport jump" ou le "wipe transition"), et amuse-toi à créer des effets qui laissent tes spectateurs bouche bée. Bonus : plus c'est fluide, plus tu parais cool. 😊

7. Poste Régulièrement (Mais Pas Trop Non Plus, T'es Pas un Distributeur Automatique)

Oui, il faut être actif pour être vu, mais pas au point de spammer le feed de tes abonnés. Trouve un bon rythme de publication, peut-être une fois par jour ou tous les deux jours. La constance est plus importante que la quantité : mieux vaut poster une bonne vidéo par jour que trois vidéos de ton chien qui dort (à moins qu'il ne fasse des trucs vraiment cools dans son sommeil).

8. Prends Ton Temps pour Choisir Ta Musique (C'est L'Ambiance Sonore Qui Compte)

La musique, c'est le nerf de la guerre sur TikTok. Choisis des sons tendance, mais qui correspondent aussi à ta vibe. Rien ne gâche plus une vidéo qu'un mauvais choix de musique. Imagine une vidéo d'exploration urbaine épique sur fond de "Baby Shark"… On est d'accord, ça colle pas trop, hein ?

9. Ne Prends Pas Tout Trop Sérieusement (Parce Qu'après Tout, On Est Là Pour S'amuser)

Il y aura des hauts et des bas. Parfois, tu feras une vidéo que tu trouves géniale et elle fera trois vues (ta mère, ton chien, et toi). D'autres fois, une vidéo que tu as faite en dix secondes depuis ton canapé explosera. C'est l'aléatoire de TikTok ! Donc, amuse-toi, teste des trucs, et ne te prends pas la tête.

10. Soyez Patient(e) et Persévérant(e) (Rome Ne S'est Pas Construite En Un Jour, Ton TikTok Non Plus)

Percer sur TikTok ne se fait pas du jour au lendemain (sauf si tu as un chat vraiment exceptionnellement doué). Continue de créer, d'expérimenter, de te perfectionner et, surtout, d'y prendre du plaisir. Ton moment de gloire viendra peut-être quand tu t'y attendras le moins… et ça, ça vaut tout l'or du monde !

Alors, prêt(e) à te lancer et à devenir la prochaine star de TikTok ? Fais chauffer ton téléphone, prépare tes meilleures idées et, surtout, n'oublie jamais que le plus important, c'est de t'amuser et d'être toi-même. Et qui sait, avec un peu de chance (et beaucoup de hashtags bien placés), tu pourras bientôt dire "c'est moi, le roi/la reine de TikTok !"

j'ai quelques astuces supplémentaires pour t'aider à **survivre sur TikTok** ! Parce qu'être sur TikTok, c'est un peu comme partir en safari dans la savane numérique : il faut être prêt(e) à tout ! Allez, c'est parti pour quelques conseils de survie qui feront de toi un(e) vrai(e) aventurier(ère) des réseaux sociaux ! 🌴📱

1. Équipe-Toi Contre les Trolls (Ton Bouclier Anti-Toxique)

Les trolls sur TikTok, c'est comme les moustiques en été : inévitables et agaçants. Plutôt que de te lancer dans une guerre de commentaires sans fin, utilise ton bouclier anti-toxique : **l'option "bloquer"**. Un troll t'embête ? Hop, bloqué. Les trolls se nourrissent de ton attention, donc ne leur donne pas ce qu'ils veulent. Reste zen et focus sur les good vibes !

2. Ne Joue Pas Au "Héros de Drama" (Reste Hors des Zones de Turbulence)

Les dramas, c'est marrant... quand tu les regardes de loin, comme un feu d'artifice (ou un feu de poubelle, selon le cas). Mais y participer ? Pas une bonne idée. Alors, garde tes distances avec les zones de turbulences. Si tu vois un conflit éclater, fais demi-tour et retourne à ce que tu fais de mieux : créer du contenu cool et positif.

3. Garde Une Trappe de Secours (Pour Les Jours Sans Inspiration)

Même les plus grands créateurs connaissent des jours sans. Tu sais, ces moments où ton cerveau est aussi vide qu'un frigo un dimanche soir. Pour ces jours-là, garde une **"trappe de secours"** : une petite liste de sujets ou d'idées que tu as préparés à l'avance. Des trucs simples mais efficaces : une anecdote drôle, une astuce de vie, ou un challenge facile. Ça te permettra de rester actif sans forcer ton inspiration.

4. Fais Toi des Alliés (On Survit Toujours Mieux En Tribu)

Sur TikTok, comme dans la jungle, on survit mieux en groupe. Fais-toi des alliés parmi les autres créateurs. Collabs, duos, et réactions peuvent booster ta visibilité et te faire découvrir par de nouvelles audiences. En plus, c'est toujours sympa de créer avec d'autres personnes et de se soutenir mutuellement. Trouve ta "TikTok squad" et éclate-toi !

5. Surveille Tes Stats, Mais Pas Trop (Ne Deviens Pas Obsédé)

Oui, regarder tes stats peut t'aider à comprendre ce qui fonctionne et ce qui ne fonctionne pas. Mais attention : ne deviens pas obsédé par les chiffres. Une vidéo peut flopper, puis exploser une semaine plus tard. TikTok, c'est un peu comme le marché boursier, imprévisible. Donc, jette un coup d'œil de temps en temps, mais ne passe pas tes journées à rafraîchir ton tableau de bord. Sinon, tu risques de finir avec des yeux plus secs qu'un désert !

6. Prends des Pauses (Même Les Meilleurs Ont Besoin d'Un Break)

Oui, tu veux devenir célèbre, mais pas au point de sacrifier ta santé mentale ou ton sommeil ! Planifie des pauses pour te ressourcer, te déconnecter, et profiter de la vraie vie (tu sais, celle avec des arbres et des oiseaux). Reviens avec des idées fraîches et une énergie renouvelée. TikTok sera toujours là quand tu reviendras... promis !

7. Fais Du Contenu Qui Te Plaît (Pas Juste Ce Que L'Algorithme Aime)

L'algorithme peut t'aimer aujourd'hui et t'ignorer demain, mais toi, tu dois toujours t'aimer, non ? Alors, fais du contenu qui **TE** plaît avant tout. Si tu t'amuses et que tu es passionné(e) par ce que tu fais, ça se verra et ça attirera naturellement les bonnes personnes. Rappelle-toi que c'est ton espace, ton univers, alors fais ce qui te fait vibrer !

8. Adapte-toi Aux Commentaires (Mais Ne Change Pas Qui Tu Es)

Tu recevras probablement des commentaires qui te conseilleront de faire ci ou ça. Certains sont bons, d'autres moins... Prends le temps de lire, mais souviens-toi que tu ne dois pas tout changer pour plaire à tout le monde. Reste fidèle à toi-même. Parfois, une petite adaptation peut aider, mais garde ton style et ta personnalité unique.

9. Reste à Jour Avec les Nouveautés (Sois Toujours Dans La Course)

TikTok évolue constamment, avec de nouvelles fonctionnalités, effets et musiques. Sois curieux(se) et explore les nouveautés. Pas besoin d'utiliser toutes les tendances, mais savoir ce qui se passe peut te donner des idées fraîches et te permettre d'être à la pointe de la mode TikTok !

10. Et Enfin... N'oublie Pas Pourquoi Tu Es Là : Pour T'Amuser !

Le plus important : ne te prends pas trop au sérieux. TikTok, c'est fait pour s'amuser, partager, et se connecter. Alors, amuse-toi, expérimente, et ne laisse pas le stress ou les chiffres gâcher ton plaisir.

Parce qu'au fond, la meilleure manière de survivre sur TikTok, c'est de **s'amuser en chemin.** 😊

Voilà, tu es maintenant équipé(e) pour survivre (et même prospérer) sur TikTok ! Souviens-toi que c'est une jungle numérique, mais avec un peu de stratégie et beaucoup de fun, tu peux non seulement survivre, mais aussi régner en maître sur ton coin de TikTok. 🎇🚀

Voici quelques dernières pépites pour peaufiner ta stratégie TikTok et te préparer à conquérir cette plateforme comme un(e) pro !

1. N'oublie Pas Ton Arme Secrète : L'Humour Autodérision

Sur TikTok, l'humour est roi, et rien n'est plus puissant que l'**humour autodérision**. Tu as raté ton challenge de danse ? Publie-le quand même et ajoute une légende hilarante comme "Le moment où j'ai décidé d'abandonner ma carrière de danseur étoile". Les gens adorent quand on ne se prend pas trop au sérieux. Et puis, avouons-le, il n'y a rien de mieux qu'un bon fou rire pour briser la glace avec ton audience.

2. Ne Sois Pas Une Machine à Vues (Garde Ton Authenticité)

Chercher à percer sur TikTok, c'est cool, mais ne deviens pas une machine obsédée par les vues. N'oublie pas que derrière chaque vidéo virale, il y a un(e) créateur(trice) humain(e) avec des passions, des idées, et un cœur qui bat (même si c'est pour le café). Garde ton authenticité, même quand tu cherches à faire grandir ta communauté. Ton énergie sincère, ton originalité, c'est ça qui va vraiment connecter avec les gens. Et en bonus, c'est bien moins épuisant que de jouer un rôle.

3. Diversifie Tes Contenus (Montre Toutes Les Facettes de Ton Talent)

Pourquoi se limiter à un seul type de contenu quand tu peux en faire plein ? Danse, sketch, tutoriels, défis, anecdotes... Plus tu explores et diversifies tes contenus, plus tu surprendras ton audience et l'algorithme. C'est comme avoir un menu varié dans un resto : il y en a pour tous les goûts, et ça garde les gens (et l'algorithme) toujours curieux de ce que tu vas sortir de ton chapeau.

4. Utilise La Puissance Des Effets et Des Filtres (Mais Pas Au Point de Ressembler à Une Peinture Abstraite)

TikTok regorge d'effets et de filtres. Amuse-toi avec eux ! Mais, rappelle-toi : modération, mon ami(e). Utiliser des effets, c'est bien, mais si ta vidéo ressemble à une œuvre de Picasso sous acide, ça peut devenir un peu compliqué à suivre. Choisis des effets qui complètent ton contenu sans le noyer.

5. Fais Attention À Ta Musique (TikTok Peut Être Strict Avec Les Droits d'Auteur)

Quand tu choisis une musique pour ta vidéo, assure-toi qu'elle est disponible sur TikTok. Rien de plus frustrant que de voir ta vidéo géniale être bloquée à cause de la musique non autorisée. Utilise des morceaux de la bibliothèque TikTok ou choisis des sons tendance qui sont déjà approuvés. Ça booste tes chances de visibilité sans risquer de te faire supprimer ton contenu.

6. Reste Patient(e) (Parfois, Le Succès Prend Juste Un Peu de Temps)

Percer sur TikTok, c'est parfois un marathon, pas un sprint. Oui, certains deviennent viraux du jour au lendemain, mais pour la plupart, ça prend du temps et de la persévérance. Continue à créer, à apprendre, à t'adapter et, surtout, à profiter du processus. Parce que le voyage est tout aussi important que la destination !

7. Ne Néglige Pas Les Légendes (C'est Là Que Tu Ajoutes Ta Touche Personnelle)

Les légendes, ce n'est pas juste pour faire joli. Elles peuvent donner du contexte, ajouter une touche d'humour, ou poser une question qui engage. Pense à ta légende comme le petit bonus qui va donner envie aux gens de commenter, de liker, et de partager ta vidéo. Un bon "caption game" peut parfois être la cerise sur le gâteau de ton contenu !

8. Rappelle-toi Que TikTok Est Un Jeu (Alors, Joue Pour T'amuser !)

Finalement, TikTok, c'est un jeu. Il y a des règles, des défis, et des surprises à chaque coin de vidéo. Prends ça comme une aventure. Expérimente, amuse-toi, et n'aie pas peur de faire des erreurs. Ce sont souvent ces moments imparfaits qui deviennent les plus mémorables (et parfois même les plus viraux).

9. Profite De La Communauté (Parce Qu'Elle Peut Être Vraiment Généreuse Et Cool)

TikTok a une communauté super diverse et pleine de talents. N'hésite pas à rejoindre des discussions, à encourager d'autres créateurs, et à collaborer quand tu en as l'occasion. La communauté peut t'apporter un soutien incroyable, des idées nouvelles, et même des amitiés inattendues. Fais de TikTok non seulement un espace de création, mais aussi de connexion.

En Résumé ? Reste toi-même, garde ton humour (même dans les moments les plus WTF), et rappelle-toi que TikTok est un espace pour explorer, s'exprimer et s'amuser. Peu importe combien de vues ou de likes tu obtiens, l'important c'est que tu t'éclates et que tu crées quelque chose qui te ressemble vraiment. 🎉🗿

Maintenant, prends ton téléphone, trouve ton meilleur angle (celui où ton double menton est en mode furtif), et va conquérir TikTok comme le/la boss que tu es ! 🚀😎

www.ingramcontent.com/pod-product-compliance
Lightning Source LLC
Chambersburg PA
CBHW052154220526
45471CB00004B/1665